PHILIPPE POUPON
COUREUR D'OCEANS

F 2

PHILIPPE POUPON
COUREUR D'OCEANS

OLIVIER ORBAN

Collaboration et coordination :
Louis-Marie Barbarit et Jacques Alain Raynaud
Textes de :
Patrick Chapuis, Gilles Pernet,
Christian Février et Louis-Marie Barbarit
Avec la collaboration de :
La Chambre de commerce et de l'industrie de laVendée,
Clodé Issanjou (Scope 2),
Fleury Michon et Jeanneau

Mise en page :
Pierre Dusser

Page précédente
Dimanche 22 novembre 1986, Fleury Michon VIII *est en vue de la Guadeloupe... La terre promise.*

ISBN 2.85565.290.1

à Loïc Caradec

La mer fascine, la mer étonne, la mer fait peur.

Ma première rencontre avec la mer, je ne m'en souviens plus, il y a longtemps. Amour de toujours sûrement.

Chez nous en Bretagne, elle est cette mer cruelle qui emporte les marins.

Alors pourquoi ? La mer, le vent. Oui le vent, c'est lui qui donne à la mer sa forme, sa grandeur, qui la rend dangereuse et belle. La mer sans vent, c'est très beau aussi.

Et les bateaux ? Ce sont de grands oiseaux qui jouent avec le vent. Avec leurs voiles, ils se déplacent tantôt contre ce souffle puissant qui les maltraite, et tantôt ils profitent de sa puissance pour s'en aller avec lui. Mais la mer est toujours là. Du miroir infini elle se transforme en collines déferlantes, de plaisir, en peur.

Et la course ? Composer un bateau, jouer avec la mer, jouer avec le vent, jouer avec les autres !

Mer de tous les océans de Bretagne aux Antilles, du Pacifique au Cap Horn, c'est elle qui fait ma vie, je l'aime et je la respecte.

Philippe Poupon.

COUREUR D'OCEANS

Patrick CHAPUIS

Quand Philippe Poupon, à bord de son *Fleury Michon VIII* coupe en grand triomphateur la ligne d'arrivée de la troisième Route du Rhum, la liesse qui éclate autour de lui n'a d'égale que l'immense tristesse provoquée par la disparition de Loïc Caradec. Mais on a le sentiment que Philou reçoit enfin la reconnaissance qu'il mérite. Comme tout le monde il songe à la déception de 1984 quand, arrivé premier de l'Ostar, la transat anglaise en solitaire, il est dépossédé de la première place. Le règlement donne la victoire à Yvon Fauconnier, qui termine derrière lui mais bénéficie d'une bonification de seize heures pour avoir porté secours à Philippe Jeantot.

Pour exprimer sa passion de la mer, Poupon a choisi la spécialité la plus difficile, mais aussi la plus spectaculaire : le solitaire. Il ne navigue pas seulement en solo, mais c'est toujours seul à bord qu'il a réalisé ses performances les plus remarquables, remportant deux fois la course du Figaro, et terminant en tête de l'Ostar et de la Route du Rhum. C'est son premier maître, Eric Tabarly, qui lui a montré la voie du solitaire. Sur *Grand Louis* dans le Triangle Atlantique en 1976,et un peu plus tard dans le Tour du monde, sur *Pen Duick VI* avec Tabarly, Poupon sent grandir sa vocation.

Le plus célèbre des navigateurs juge d'ailleurs le jeune professeur de l'Ecole nationale de voile si favorablement qu'un peu plus tard, en 1978 ,il lui confie son *Pen Duick III* pour courir la première Route du Rhum. Formé au grand large en équipage, Poupon, très vite, goûte au solitaire. Et cette polyvalence est pour beaucoup dans sa réussite. il sait tout faire sur un bateau ; et, surtout, il n'appareille jamais sans connaître exactement ce que sa monture a dans le ventre. C'est le cas pour *Fleury Michon VIII* , son trimaran de la Route du Rhum : il en a lui-même commandé les plans à l'architecte britannique Nigel Irens, etsuivi la construction chez Jeanneau aux Herbiers, avec Jean-François de Prémorel. Il faut souligner au passage le rôle joué dans toute l'opération par l'esprit d'équipe né en Vendée entre les chantiers Jeanneau et la société Fleury Michon, les deux PDG, Michel Richard et Yves Gonnord agissant en étroite collaboration.

Solitaire lorsqu'il navigue entre Saint-Malo et Pointe-à-Pitre, Philippe Poupon dirige en fait une véritable équipe. Derrière son comportement discret et son sourire plein de douceur, se cache un Poupon véritable meneur d'hommes. Ses progrès depuis plusieurs années sont si impressionnants qu'à la conférence de presse au Frantel de Gosier, tout de suite après son arrivée dans la Route du Rhum, on lui pose immanquablement la question :

— "Serais-tu attiré maintenant par la Coupe de l'America ?" Allusion directe à son prédécesseur, Marc Pajot, vainqueur du Rhum en 1982 sur *Elf Aquitaine*, et qui a désormais choisi le challenge de la Coupe de l'America en Australie avec *French Kiss*. Sans hésiter Poupon répond :

—"J'aime beaucoup le travail que je fais actuellement. C'est un travail avec une équipe relativement réduite ; la Coupe de l'America est une beaucoup plus grosse affaire. Je ne suis pas certain d'avoir envie de m'y risquer pour l'instant."

Poupon ne se laisse pas griser, la spécialité qu'il a choisie lui convient et il n'en a pas encore épuisé les ressources et les joies. Président de l'ACIMO (Association des coureurs internationaux de multicoques océaniques), il sait que son rayonnement peut avoir une grande influence sur le développement de ce qu'on appelle la voile-spectacle et dont la Route du Rhum a été, dans ses trois éditions, la représentation la plus applaudie. Il n'ignore pas non plus que ce secteur de la voile a traversé quelques dépressions, que les organisateurs ont du mal à harmoniser leurs programmes et que les sponsors sont un peu lassés par l'escalade des budgets.

Pour jouer ce rôle essentiel dans l'évolution de son sport, Poupon est bien armé. La voile est une activité complexe parce que multiple. Entre les planches à voile, les "12 m" —jauge internationale de la Coupe de l'America— et les multicoques capables de traverser l'Atlantique en une semaine par la seule puissance de leurs voiles, un élément commun : le vent, carburant inépuisable mais capricieux. Poupon connaît tous les aspects du sport qu'il pratique et qu'il défend.

Comme beaucoup de ses pairs, il a débuté sur dériveur : "Un Vaurien que j'avais promis à Luc, son frère aîné, s'il passait son brevet", raconte son père, Corentin, ex-marchand de meubles, et lui aussi très amateur de beaux bateaux. Luc et Philou ont donc tiré ensemble des bords sur le petit monotype dessiné par Jean-Jacques Herbulot, du côté de Sainte-Marine près de Bénodet en Bretagne.

C'est le début d'une fructueuse carrière. Poupon a grandi avec la voile moderne. Il est aujourd'hui le représentant le plus achevé d'un courant qui pousse la voile vers la première page des grands quotidiens et l'ouverture des journaux télévisés. Nous venons de vivre en même temps la Route du Rhum, la Coupe de l'America et le Tour du monde en solitaire. Si la Coupe de l'America existe depuis 1851 et connaît actuellement une apothéose médiatique, du fait de la multiplication des candidats, les deux autres épreuves —Route du Rhum et Tour du monde en solitaire— relèvent d'une démarche plus récente.

Il s'agit de confronter les skippers et des bateaux très évolués sur des parcours évocateurs : Métropole-Guadeloupe ou circumnavigation par les grands caps (Bonne-Espérance, Horn). Dans la Route du Rhum, la vedette revient aux multicoques ; et, dans le cas de Philippe Poupon, plus particulièrement à un certain trimaran — *Fleury Michon VIII* — qui, par sa conception, s'est avéré aussi efficace dans le fort vent contraire du début de course que dans la brise portante du sprint vers les Tropiques.

Dans le Tour du monde, les monocoques limités à 18 m sont des fusées capables de tenir d'étonnantes moyennes dans les Quarantièmes Rugissants. Poupon a lui-même fréquenté ces mers lointaines, participant au Tour du monde (en équipage celui-là) à bord de *Morbihan*, dont il avait partagé le commandement avec Eugène Riguidel et Halvard Mabire. C'était en 1981-1982 et Poupon n'avait participé qu'aux deux premières étapes, pour pouvoir ensuite se préparer au Figaro, qu'il devait gagner cette année-là, et à la Route du Rhum avec le trimaran *Fleury Michon VI* (plan de John Shuttelworth), qui connut quelques avaries de safran et de dérive.

Dans les deux cas, Route du Rhum comme Tour du monde, le suivi est assuré par le satellite Argos ce qui permet de tenir le public informé, le premier arrivé étant le vainqueur. Ce qui n'est pas toujours la règle en voile où, pendant longtemps, le classement s'effectuait au handicap. Il fallait subir alors ce que Beppe Crocce, le regretté Président de l'IYRU (International Yacht Racing Union, autorité suprême en la matière), conscient de l'évolution nécessaire, appelait la "lithurgie du temps compensé", incompréhensible pour le plus grand nombre. C'était l'époque du "rating" et des calculs complexes faisant intervenir les caractéristiques des bateaux (et l'âge du capitaine !) pour déterminer le vainqueur. Ce temps-là est révolu et même Lionel Péan, vainqueur en temps compensé sur *L'Esprit d'Equipe* de la dernière Whitbread autour du monde, reconnaît qu'il n'a plus qu'une envie désormais : disposer la prochaine fois d'un grand maxi et courir en temps réel. Ce n'est pas un hasard si, peu de temps après le Tour du monde, Péan embrayait sur le Rhum, s'y classant troisième sur le catamaran *Hitachi*, et déclarant : "Cette course, pour moi, c'était un rêve d'adolescent".

La Route du Rhum fascine, comme l'Ostar anglaise. Deux courses en solitaire bien différentes dans leur itinéraire mais qui relèvent du même principe énoncé par Blondie Hasler : "Un bateau, un homme et l'océan". Entre Plymouth et Newport, c'est l'Atlantique Nord qu'il faut affronter avec, à l'approche de Terre-Neuve, des risques de rencontre avec les icebergs. Dans l'autre, entre Saint-Malo, cité corsaire et le parfum des Antilles, c'est un parcours plus exotique avec les Açores et Madère sur la trajectoire. Et surtout deux parties bien distinctes. Au départ, l'automne européen et ses colères ; et sur la fin, la folle cavalcade vers la Guadeloupe. La Grande Vigie, la Tête à l'Anglais, Basse-Terre et le sprint dans le canal des Saintes.

Ces dernières heures, inoubliables, nous les avons vécues à bord de *Mickey*, robuste vedette Bertram affrétée par Yves

Gonnord, le PDG. de Fleury Michon. La nuit tropicale imprègne l'atmosphère d'une chaleur moite. Au loin, les steel-bands font vibrer l'air, déjà très électrique. *Fleury Michon VIII* s'est signalé par VHF, mais nous ne l'avons toujours pas aperçu. Le voilà qui surgit, sous deux ris et trinquettes dans les projecteurs de la TV. Poupon porte toujours ce short vert que nous lui avions vu depuis le Bréguet Atlantic, mais il a revêtu un ciré tricolore, pour se protéger des embruns.

Les bateaux accompagnateurs serrent de plus en plus près le grand trimaran blanc aux flancs striés de vert. Indifférent à tout ce remue-ménage, Philou manoeuvre sur le pont. Heureusement, le vent faiblit et le bateau ralentit, ce qui limite les risques d'abordage. La ligne est placée tout près de la terre. Poupon s'approche, s'approche encore. Mais il est difficile pour lui de repérer l'arrivée, avec tous ces feux de couleur !

— "Ou bien vous me faites rentrer ou je repars au large", s'énerve un instant Poupon. Majestueux, le trimaran vire de bord et s'éloigne sur le cap opposé. Juste le temps de prendre son élan pour finir en beauté. Il est 23 h 58, ce dimanche 23 novembre 1986.

En 14 jours 15 h 57' et 15", Philippe Poupon, coureur d'océans, est entré dans la légende.

A bord de Pen Duick VI, *en remontant de Panama à Los Angeles, virement de bord dans les Alizés...*

Page suivante Equipage hissant le génois sur la plage-avant de Pen Duick VI.

F59

L'HISTOIRE D'UNE RENCONTRE

L'AVANT FLEURY MICHON POUR PHILIPPE POUPON

Christian FEVRIER

La semaine précédant le départ de la première Route du Rhum (1978) marquera un tournant décisif dans la carrière de Philippe Poupon.

— "Messieurs, il n'est pas pensable que ce bateau et son skipper ne soient pas au départ. Il manque 50 000 F à Philippe pour régler la location du bateau. Je fais le premier pas. J'espère que la ville de Saint-Malo fera le second..."

L'homme qui s'adresse aux skippers et à la presse se nomme Michel Etevenon. Embarqué depuis la première Whitbread de 1973 dans l'aventure océane , il a déjà lancé cinq *Kriter* sur toutes les mers du globe. Contrairement à ce que beaucoup pensent encore, ce directeur d'une petite agence de publicité et d'édition, perchée au cinquième étage du 6, rue de la Paix à Paris, n'est pas un homme d'affaires, ni un commerçant. Pour avoir travaillé cinq ans à ses côtés, je sais qu'il fut, à cette époque, bien souvent de sa poche pour aider les marins. Choqué de voir leurs hauts faits ignorés de la grande presse et du public, il n'aura de cesse, dans les années 70, de promouvoir leurs exploits.

Quand les Anglais décident, en octobre 1976, de limiter la taille maximum des futurs concurrents de l'Ostar à 17 mètres, et surtout la flottaison à 14 mètres (une

Cinq ans de régates en Vaurien jusqu'à la participation au Championnat du Monde (9e). Une très bonne école !

Page de droite *"Ma première grande course à bord de* Grand Louis, *la goélette d'André Viant durant le Triangle Atlantique en 75-76".*

"Pen Duick VI, Pen Duick III, Grand Louis, *mes trois bateaux fétiches*".

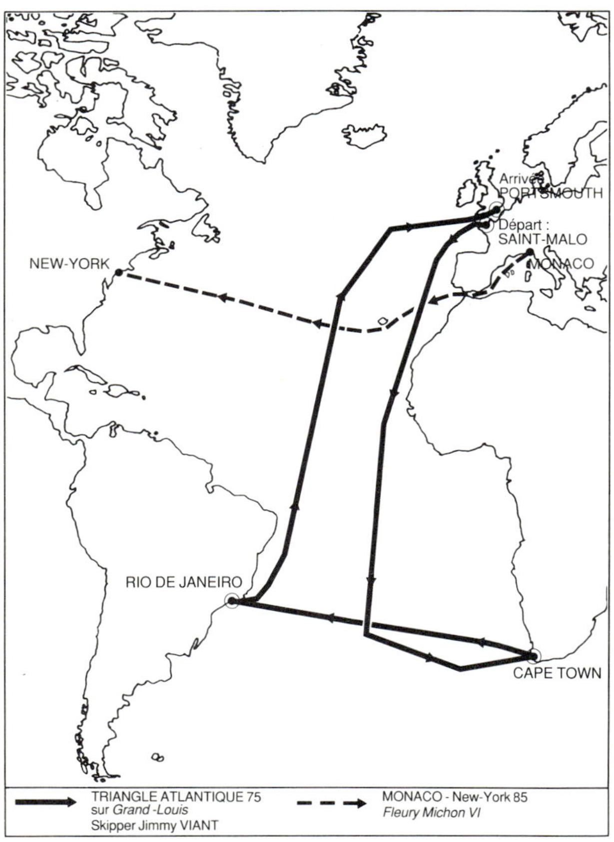

aberration pour les multicoques !), Michel Etevenon juge qu'il est grand temps que la France ait aussi "sa" Transat. Sans limite. Ouverte à toutes les innovations. Terriblement en avance, Michel Etevenon ne rencontre pourtant guère d'encouragements dans sa démarche. La Fédération française de voile, qui n'a pas compris un seul instant que la grande aventure de la voile pouvait être autre chose que les régates élitistes autour de bouées des JO. ou des courses IOR, signifie son hostilité au projet. Son président, Raoul Civrays voit rouge en apprenant que la course sera dotée de forts prix

Philou, en haut à l'extrême-droite ; la première traversée de l'Atlantique comme skipper au retour de l'Ostar 76 à bord de Sirtec.

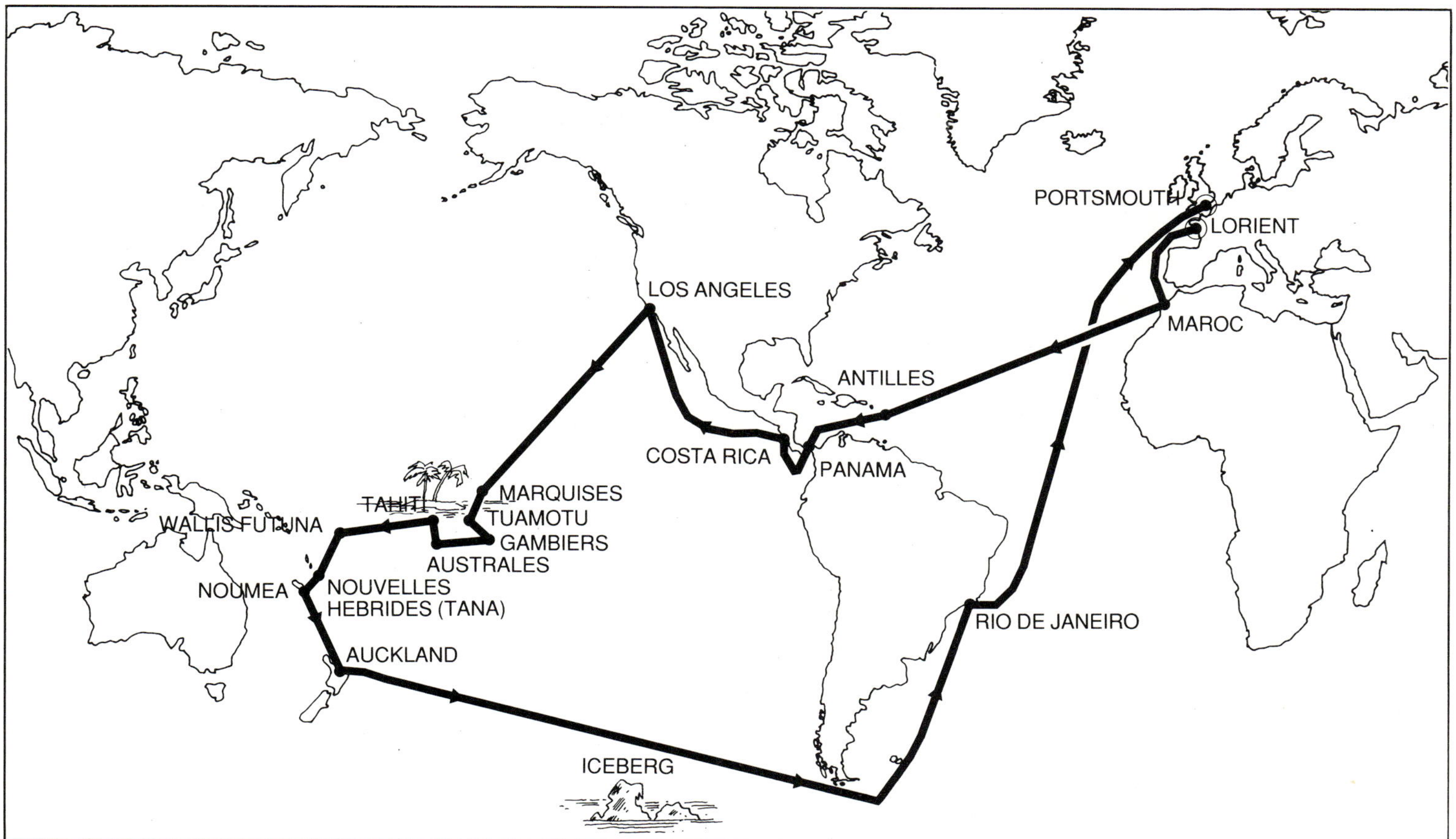

Pen Duick VI, Skipper Eric TABARLY. Départ : LORIENT, février 1977 pour LOS ANGELES, juillet 1977. Huit mois dans le Pacifique en croisière. Course autour du monde. Eric TABARLY. AUCKLAND, décembre 1977. RIO DE JANEIRO - PORTSMOUTH, avril 1978.

en espèces : 200 000 F au premier, la moitié au second, 50 000 F au troisième. Michel Etevenon veut que les coureurs professionnels gagnent correctement leur vie. Pour la Fédération, la voile doit rester un sport d'amateurs (entendez par là réservé à quelques nantis). Avant-guerre, le très select Yacht Club de France offrait pourtant des prix en espèces, même aux courses d'aviron, comme en témoignent encore les affiches de l'époque.

Mais, pour l'heure, le créateur de la Route du Rhum tient à ce que Philippe Poupon soit au départ. Sortant son chéquier devant l'assistance médusée, il rédige et signe un chèque personnel de 25 000 F qu'il remet au skipper du *Pen Duick III*.

Aurait-il fait cela pour un autre ? Je ne le pense pas. Sans expérience en matière de voile, Michel Etevenon, par contre, juge en général assez bien les hommes. Il sait que celui que l'on surnomme Philou a l'étoffe d'un grand marin. Il a écouté, questionné ; le charisme de Philippe a fait le reste. Pas bavard, pourtant, ce jeune marin qui vient juste d'avoir 24 ans, le 23 octobre précédent ! Semblable en cela à Eric Tabarly, avec qui il a découvert deux ans plus tôt les charmes de la Polynésie sur le fameux *Pen Duick VI*, avant de

Pen Duick VI : *grand spi, spi d'artimon. Eric Tabarly à la barre des surfs à 17 noeuds sur la route des Marquises.*

Philou. Route du Rhum 78.

Portsmouth, mars 1978. Arrivée de la Course autour du Monde. 14 mois de navigation en course et en croisière avec Eric Tabarly à bord de Pen Duick VI. *De gauche à droite : Titouan Lamazou, "Moquette", Philou, Dr Jean-Louis Etienne dit "Papy", Olivier Paulet, Eric Tabarly, Yannick Trancart, Luc Poupon dit "Lucky".*

Mai 77. "Nous montons à Los Angeles pour participer à la célèbre Transpacifique Los Angeles-Honolulu. Nous serons interdits de course pour une histoire de quille en uranium. Titouan Lamazou, l'artiste du bord, s'exprime d'une façon originale !...

courir les deux dernières étapes de la seconde Whitbread. Dans les grands surfs du Pacifique Sud, à l'approche du célèbre Horn, le jeune Philou se donne à fond, en véritable "pro" qu'il est déjà. Plus tard, Eric dira de lui : "Il fut certainement l'un de mes meilleurs équipiers durant ce périple". Une seule phrase, qui vaut tous les diplômes du monde. Le sceau tabarlien, le geste d'Etevenon, la gentillesse des Malouins qui se mettront en quatre pour que Philou ne manque de rien, catapultent finalement le jeune skipper vers Pointe-à-Pitre. En grande lettres blanches, le célèbre ketch, l'un des deux vainqueurs français du Fastnet de 1967, porte pendant la course un nouveau nom : Saint-Malo, Pointe-à-Pitre. Une manière pour Philou de remercier ses bienfaiteurs.

Il terminera septième, à 78 heures du vainqueur : un petit trimaran jaune de onze mètres, construit par un Américain inconnu dans son garage de Yarmouth situé dans le Maine. Walter Greene a prêté son bateau à Mike Birch. Ils ont couru l'Ostar de 1976 ensemble sur deux trimarans de neuf mètres.

— "Si tu gagnes, on partage le prix ". Mike Birch gagnera, tournant une nouvelle page de l'histoire de la course open : l'avènement des multicoques.

Dans la marina du Bas-du-Fort à Pointe-à-Pitre, Philou détaille longuement le petit trimaran jaune safran, autour duquel de jeunes Guadeloupéens nagent en riant. Il note tous les détails : le mince profil du mât, au sommet duquel il remarque les deux emplâtres noirâtres encollés sur les côtés ; du carbone, destiné à raidir la tête de mât sans l'alourdir. Il note aussi l'habitacle bien dégagé des vagues, les coques cambrées pour bien passer dans les vagues, l'étai intermédiaire pour recentrer le plan de voilure dans la brise. "Un jour, moi aussi j'aurai mon trimaran et je gagnerai la Route du Rhum !", pense le jeune bigouden.

Mais c'est encore sur un monocoque qu'il dispute la première Transat en Double un an plus tard ; après la décision anglaise, le magazine *Le Point* et Europe 1 ont décidé eux aussi, dès 1977, de créer une grande course française courue en double. Philou fait équipe avec Patrick Tabarly. Ils terminent septième, trois jours après Gahinet-Riguidel sur leur trimaran *VSD*. Une course au final pathétique ! L'étonnant foiler *Paul Ricard*, dont c'est la première course, se fait coiffer à cinq milles de l'arrivée par le trimaran au spinnaker arc-en-ciel. Plus

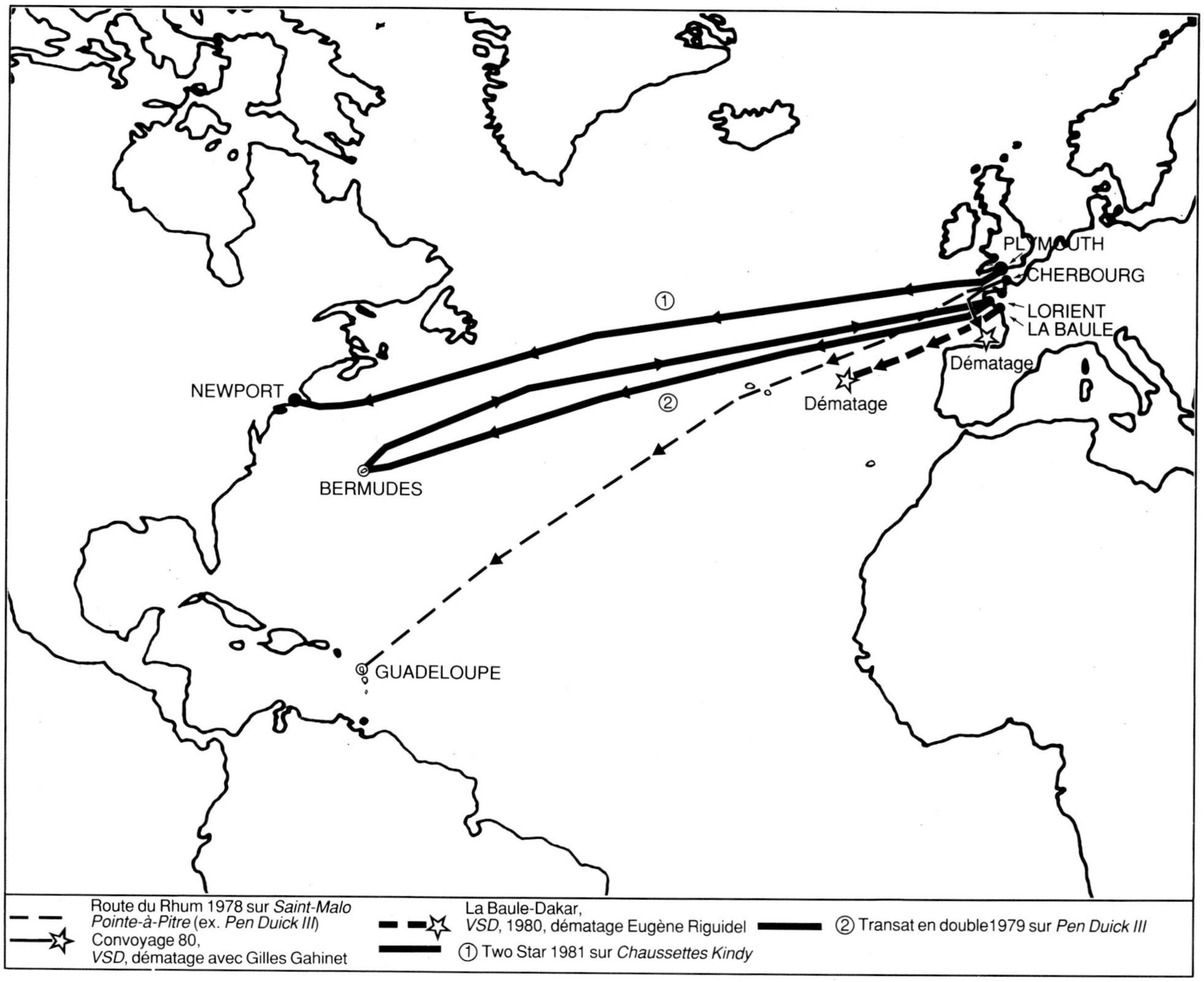

Grand Louis *: 40 voiles différentes. Une belle école de manoeuvre et un superbe bateau.*

léger, doté de spis plus grands, grâce aussi à la navigation très précise de Gilles Gahinet, le trimaran blanc double sous le vent le voilier de Tabarly qui peine dans ces légères brises. 5 minutes et 42 secondes séparent les deux voiliers. Après les 98 secondes de la Route du Rhum, les Français prennent goût au suspense des arrivées de ces grandes traversées. Bien couverte par les médias, la voile open se met en place. Un âge d'or pour les sponsors qui ont misé sur le bon cheval, comme Olympus en 1978 et VSD cette année-là, sans engager de grandes sommes.

Hormis le *Paul Ricard*, dont l'originalité capte l'attention des médias, l'évolution des multicoques est encore lente. La recherche piétine, faute de sponsors et de programme sur plusieurs années ; sympathique, car porteuse d'espoirs, la flotille des multicoques de 1979 n'est encore qu'une aimable foire à la brocante !

Sans bateau, Philou ne se présente donc pas au départ de l'Ostar anglaise de 1980. Hormis le *Paul Ricard* que Marc Pajot doit équiper au dernier moment, à la

Pen Duick III : *Transat en double 79 avec Patrick Tabarly (7e).*

Retour des Antilles sur Pen Duick III. *On voit ici la première balise Argos essayée sur le trajet retour (le petit dôme gris sur le rouf).*

Page de droite *Route du Rhum 78 :* Saint-Malo - Pointe-à-Pitre *ex* Pen Duick III. *Première transat en solitaire. "La joie des pilotes aériens... Ici le bateau est sous pilote automatique fonctionnant avec le vent. Un système aujourd'hui dépassé avec l'apparition des pilotes électriques".*

suite d'un accident de ski d'Eric Tabarly, les multicoques français ne font pas le poids. On regarde même d'un oeil goguenard la flotille des trimarans américains. Tabarly condamne leur "légèreté" sur les ondes d'Europe 1, mais Eric n'en a pas visité un seul à Plymouth et il connaît très mal, et même pas du tout, les hommes qui les montent ; Philippe Poupon, lui, observe discrètement mais avec intérêt.

L'Ostar de 1980 va marquer l'apogée de "l'école américaine". Quatre des cinq premiers bateaux ont été construits dans

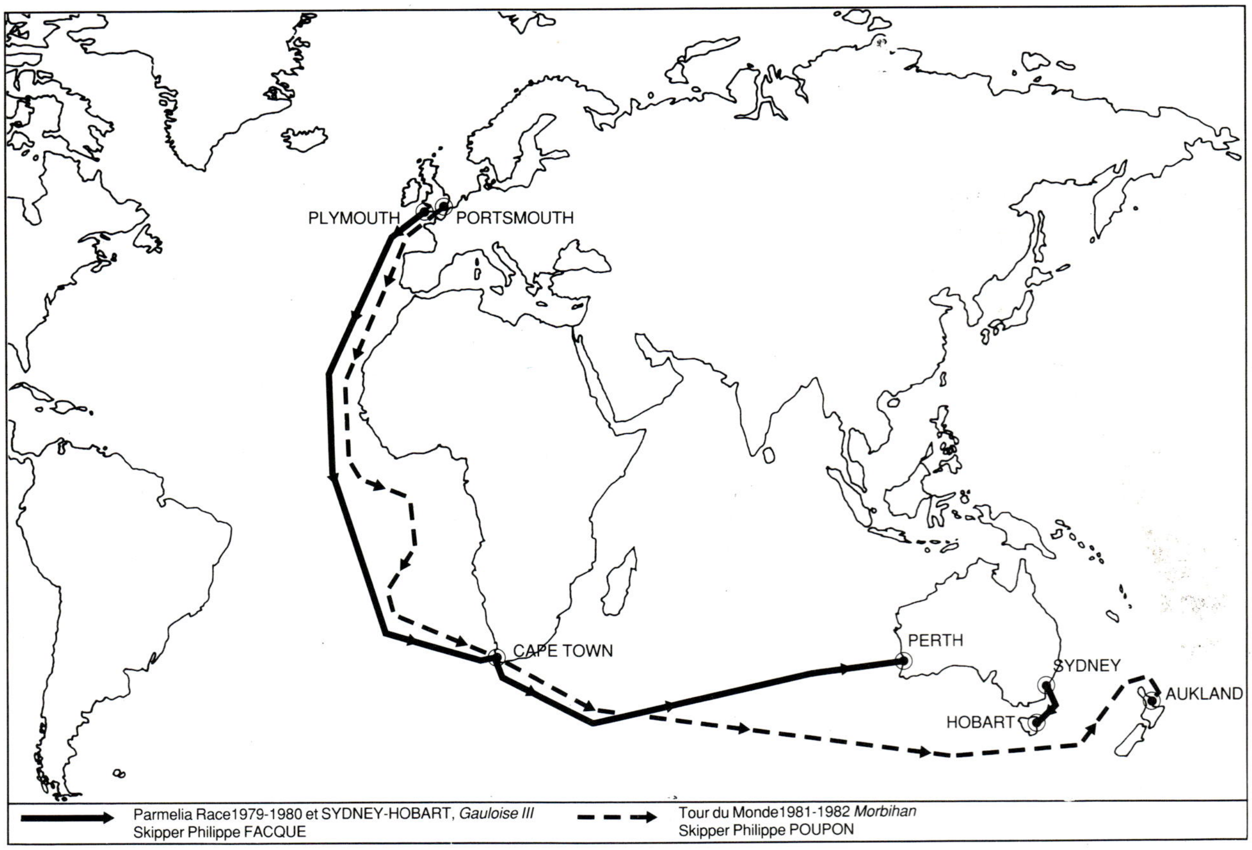

Lumières australes dans l'Océan Indien toujours à bord de Gauloise III.

Gauloise III *: 4 mois passés à bord de ce monocoque de 20 mètres skippé par Philippe Facque dans la Parmelia Race et dans la course Sydney - Hobart (Portsmouth-Cape Town-Perth).*

le Maine, aux USA, dans un rayon de 100 kms ; le vainqueur, l'étonnant Phil Weld, 65 ans, abaisse le record d'Alain Colas de 1972 de près de trois jours ; sur son *Moxie* de 15 mètres, (plans Dick Newick) construit par Walter Green, il a été le premier à monter ses deux focs sur enrouleurs ; sa grand-voile s'enroule aussi dans le mât. A Plymouth, on souriait de ce bateau pour le troisième âge ! A Newport, il faudra se rendre à l'évidence : le vieil homme avait raison. Et six ans plus tard, les Français adopteront les mêmes solutions sur leurs grands multicoques.

"Gilles Gahinet et Eugène Riguidel, des compagnons de route, des amis et de grands marins".

A deux reprises, en hiver puis au printemps précédant la course, j'avais passé plusieurs jours avec chacun des concurrents. Ce qui m'avait frappé chez ces hommes-orchestres, c'est qu'ils étaient eux-mêmes les constructeurs de leur bateau. On ne mène pas un bateau acheté sur catalogue comme l'on mène un voilier que l'on a construit soi-même. Autre remarque, ces concurrents s'entraidaient d'une manière étonnante, fabriquant les pièces délicates qu'un autre ne savait réaliser. Ce petit monde était une véritable marmite bouillonnante d'idées, d'enthousiasme et de compétence ; en 1980, le centre mondial de créativité des multicoques n'est pas encore en France. Mais là-bas aux USA, sur quelques centaines de kilomètres carrés, à la frontière du Maine et du Massachusetts.

Ce petit groupe de pionniers a pourtant son talon d'Achille. Hormis Weld, éditeur de presse retraité depuis 1978, ils n'ont pas d'argent. Les sponsors de Stegall, de Birch et de Green sont Français ! La voile reste un sport de caste pour les yachtmen américains. Quand on a besoin d'argent, comme pour la Coupe de l'America, on fait appel à une "fondation", qui récolte les dons, déductibles des impôts. Le système marche bien. Mis à part l'America's Cup, les grandes chaînes de télévision ne s'intéressent pas à la voile.

Chaussettes Kindy, *un trimaran de 11,20 m dessiné par Walter Green pour la Twostars 81. Philou court avec Charlie Capelle, ils gagnent en classe 4.*

Brittany-Ferries *ex* Vsd *avec Eugène Riguidel et Éric Duchemin dans la Baule - Dakar. "Démâtage au large des Açores, le 23 octobre 1984, jour de mon anniversaire... Champagne !"*

Morbihan *: le bateau des«Glandos». "Skipper dans la 1ère et 2è étape, je serai remplacé par Eugène Riguidel et Halvard Mabire pour la 3è et 4è étape".*
Double page suivante
Fleury Michon VI *au départ de Saint-Malo dans la Route du Rhum 82, au vent arrière, voiles en papillon.*

Le prao et son boudin stabilisateur.

Nick Clifton et son prao dans l'Ostar 80, le Fleury Michon II. *Il chavirera quelques jours après le départ.*

1980 marque l'entrée de Philou dans le monde des multicoques ; Eugène Riguidel l'invite à bord de son trimaran rebaptisé *Brittany Ferries* (un joli geste de la compagnie bretonne pour dédommager Eugène de la collision dans la Route du Rhum de 1978 avec le ferry escorteur), mais le 23 octobre, le trimaran démate à 350 miles des Açores. Fin de la course pour Philou. Et retour express vers la Bretagne sous gréement de fortune !

Il faut attendre 1981 pour que Philippe Poupon prenne son premier commandement en multicoque. Les Anglais lancent leur première édition de la Twostar. L'épreuve se court sur le même parcours que l'Ostar, de Plymouth à Newport, mais à deux équipiers. Philou est loin d'avoir le plus grand bateau de la course, son trimaran de 11,50 m a été construit à Marblehead l'année précédente par un armateur, Spencer Merz, ami de Stegall et de Green, converti par ces deux fanatiques au multicoque.

Charlie Capelle, le futur équipier de Philippe Poupon pour la Twostar acquiert cet hiver-là un sérieux bagage. Au dire de ceux qui le vécurent, comme Yvon Fauconnier, cet hiver 1981 dans le Maine restera comme l'un des grands moments de l'his-

toire des multicoques : rarement autant de coureurs vécurent ensemble aussi longtemps —près de six mois ! Ce miracle ne se reproduira sans doute plus jamais. Il y avait là Mike Birch, Paolo Martinoni et Enrico Sala, Yvon Fauconnier et Tom Perkins, Torry Nuggent, Jean-François de Prémorel, Philippe Fournier…

L'équipage du petit *Chaussettes Kindy* —tel est le nom du bateau de Poupon pour la course— se complète à merveille. Charlie a une admiration profonde pour Philou, pour son sens de l'organisation, son esprit de décision, ses grandes

Fleury Michon V *ex* Sea Falcon, *le bateau de Robin Knox Johnson, lors d'un course organisée sur le parcours New York - Cap Lizard.*

qualités de marin. Philou, accaparé en France par d'autres activités, donne carte blanche à Charlie. Ils convoient le trimaran ensemble pour mieux se connaître ; sur 102 équipages qui prendront le départ, j'avais pronostiqué *Chaussettes Kindy* dans les quinze premiers. Les deux compères feront mieux, terminant treizième toutes classes et premiers en classe IV.

Cette fois, Philou a définitivement attrapé le virus ; son rêve d'un grand bateau devient lancinant ; deux grandes courses s'annoncent passionnantes pour 1982 : La Rochelle-La Nouvelle-Orléans et la seconde édition de la Route du Rhum. En France, les choses commencent à s'accélérer. L'entrée en scène d'un grand sponsor, Elf Aquitaine, depuis un an, avec un nouveau catamaran de vingt mètres confié à Marc Pajot, donne le ton des courses futures ; un autre annonceur important vient de passer un contrat longue durée avec Loïc Caradec et Philippe Facque.

On parle de plus en plus du carbone, du kevlar, de résines époxy, tous ces matériaux mal connus encore dans les années 70 et qui vont transformer radicalement la construction des voiliers de hautes performances dans la décennie à suivre.

Un document, le premier Fleury Michon *dans la course de l'*Aurore *avec Pierre Martini. Budget 10 000 francs !*

De nouvelles perspectives s'ouvrent pour les Français ! La défaite de l'Ostar est oubliée. *Elf Aquitaine* et *Gauloises IV* prennent la seconde et troisième places dans la Twostar de 81. François Boucher et Florence Arthaud sont sixièmes sur l'ancien *Kriter V* de la Route du Rhum 78. Philippe Poupon est satisfait de son bateau qui arrive premier de la classe IV. Une nouvelle ère s'annonce pour les Français qui vont prendre le pas sur les Américains dans la grande bagarre des multicoques.

P.C.

POUPON ET FLEURY MICHON L'EQUIPAGE IDEAL

Louis-Marie BARBARIT

Tout le monde le dit, tout le monde l'écrit, à commencer par les intéressés eux-mêmes : Philippe Poupon et Fleury Michon, c'est l'équipage skipper-sponsor idéal.

Si l'on dit que les gens heureux n'ont pas d'histoire, c'est parce qu'ils gardent jalousement, enfoui dans leur mémoire, le souvenir d'une histoire unique. Quelquefois ils lachent des bribes... Si l'on rassemble celles murmurées par Philippe Poupon et Yves Gonnord, PDG de Fleury Michon, on parvient à constituer le puzzle d'un récit qui commence un beau soir d'été 1978 aux Sables-d'Olonne.

Yves Gonnord, PDG de Fleury Michon est reçu chez des amis. Parmi les autres invités, Pierre Martinie, un habitué de la course de l'Aurore. Un Martinie bien maussade : il doit renoncer à sa chère course qui, cette année, part des Sables-d'Olonne. Les raisons de son forfait ? Sa femme exige qu'il stoppe les dépenses d'équipement de son bateau pour mieux préparer le mariage de leur fille. Et Martinie de soupirer : "Il me manque une voile...10 000 F". Amusé et ému, Yves Gonnord joue au mécène. Ainsi Martinie pourra et voguer et marier sa fille dans de bonnes conditions.

Les semaines passent. La course de

Fleury Michon VI
en pleine puissance sous spi.

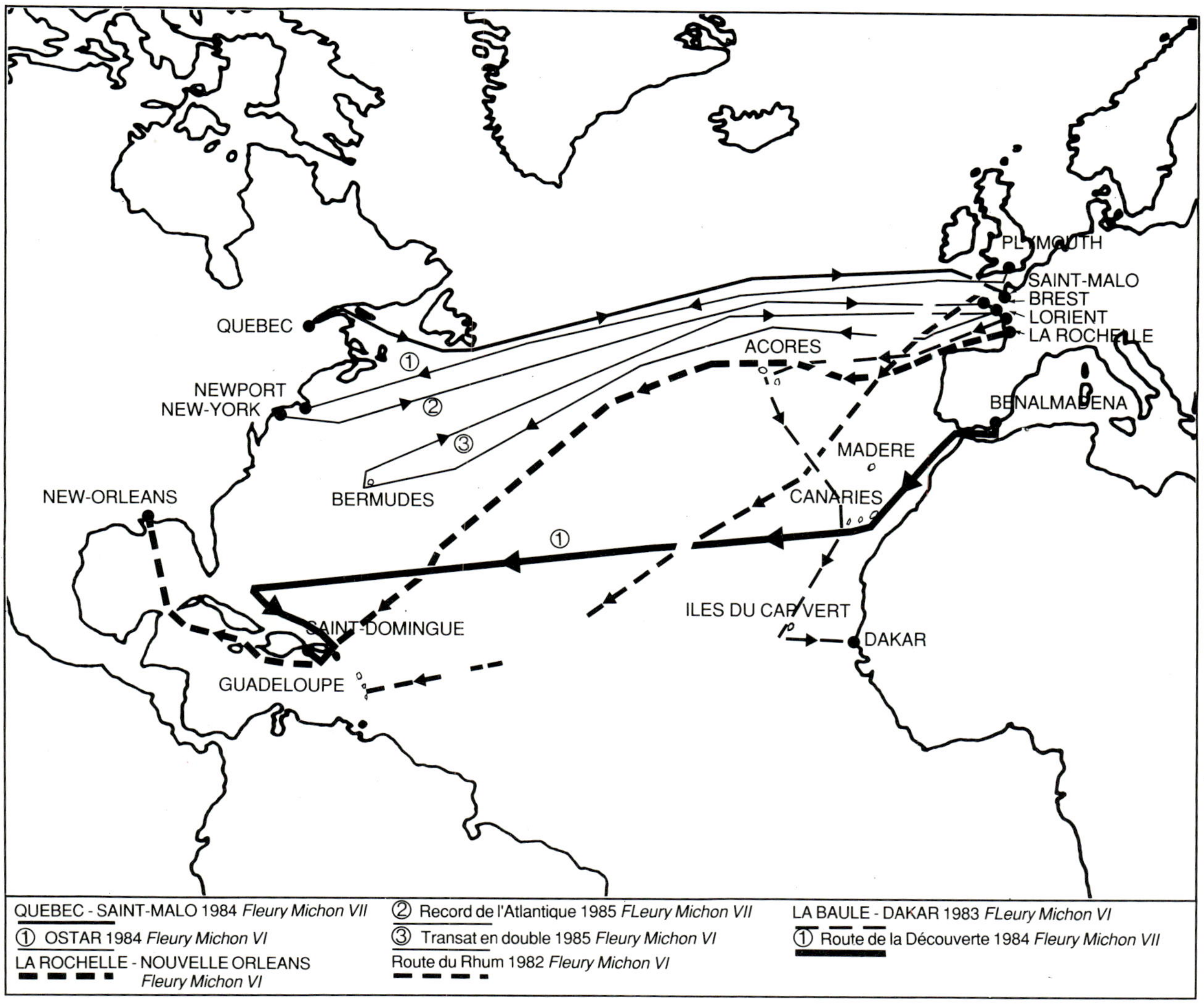

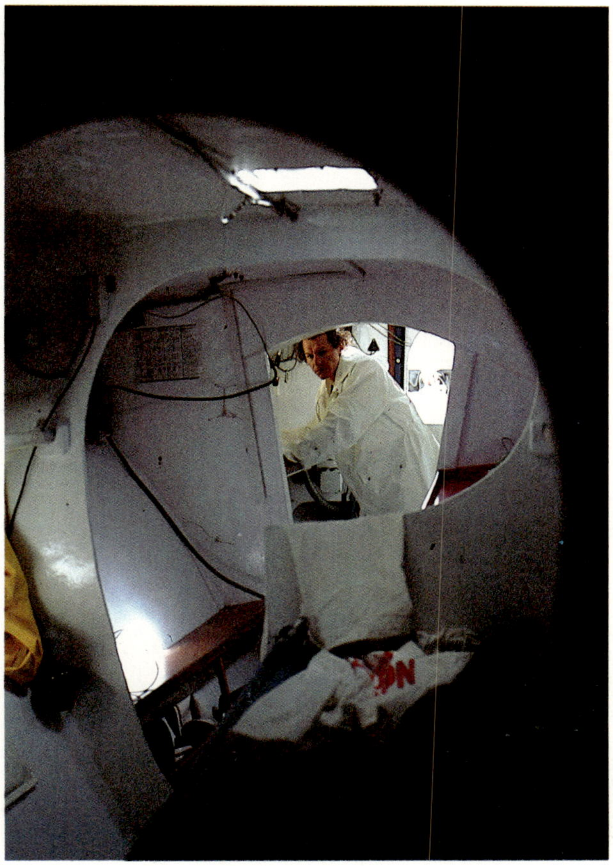

l'Aurore prend son envol. Yves Gonnord ne s'en soucie guère. Mais un homme note le label "Fleury Michon" cousu sur une voile : un impresario à la recherche de sponsors pour son écurie de navigateurs. Quelques mois plus tard, un gros dossier sous le bras, il vient parler à Yves Gonnord d'une course fameuse : Plymouth-Newport. Une transat ! Il montre, presse-book en main, l'intérêt que portent les journaux à ce genre d'événements. Enfin, il abat ses derniers atouts : pour cent mille francs — cent mille francs seulement — il lui propose de sponsoriser soit Phil Weld à la barre d'un trimaran, soit Clifton et son prao ! Sentant déjà l'urgence d'adopter pour ses produits une image jeune, le PDG de Fleury Michon tranche au bénéfice de l'âge et opte pour le prao du cadet. Le mauvais choix, Phil Weld, l'aîné, triomphe. Alors que Clifton sombre... Mais Phil Weld manque de charisme. La presse préfère se passionner pour le naufrage et le sauvetage du *Fleury Michon* de Clifton.

— "En voyant la photo du prao *Fleury Michon* dans la presse, j'ai compris qu'un phénomène médiatique allait se développer..." raconte Yves Gonnord.

"Le ventre d'un trimaran, simple mais chic !..."

Double page suivante

Page de gauche
Fleury Michon VI : *un trimaran dessiné à l'origine par John Shuttleworth pour Chay Blith.*

Page de droite
Fleury Michon VI : *un bon trimaran de près !*

F-101
MICHON
101
FLEURY MICHON
Jeanneau

F.2

Fleury Michon VI : *ce bateau a été dessiné pour l'Atlantique Nord.*

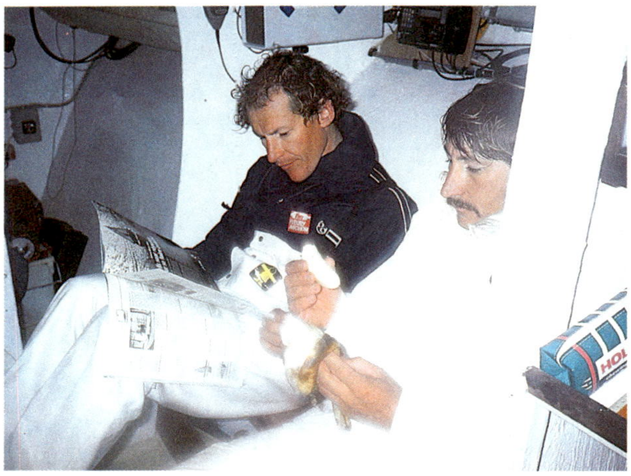

"Avec Luc, mon frère, dans la Transat en double 83 à bord de Fleury Michon VI*"*

Jean-François Coste dit «Costo» ! "Mon premier manager pour la Route du Rhum 78, mais aussi équipier à bord de Fleury Michon VI *et navigateur dans La Baule - Dakar".*

En 1981, l'impresario réapparaît, accompagné d'un navigateur dont on commence à dire le plus grand bien : Philippe Poupon.

Celui que l'on appelle familièrement Philou propose au PDG un programme cohérent sur plusieurs années et, pour réaliser ses exploits, évoque l'existence d'un trimaran idéal qui dort dans un entrepôt new-yorkais.

— "Nous étions en 1982, confie Yves Gonnord. Nous nous apprêtions à délaisser la gamme des produits classiques au profit de produits modernes (charcuterie préemballée, plats cuisinés, salades, etc). Pour attaquer ce nouveau marché notre image était trop classique. Elle faisait référence à la tradition, aux racines, à la famille, à la campagne, à la qualité, à l'artisanat, à la fraîcheur. Autant de valeurs à priori moins bien perçues par les jeunes. Nous devions faire évoluer notre image pour mieux gagner sur un marché plus moderne, plus jeune. La voile pouvait affirmer notre dynamisme".

Bien vite sur mer, Poupon et son *Fleury Michon* (au trimaran succède bientôt un catamaran géant dont le marin

Un beau bateau !

et le PDG décident ensemble la mise en chantier chez Jeanneau aux Herbiers, en Vendée, à quelques kilomètres de Fleury Michon) accumulent les performances.

Au fil de ses exploits, la notoriété de Fleury Michon (l'entreprise) passe de 58% à 80%. Huit jeunes sur dix connaissent désormais ce qui se cache derrière les couleurs du grand catamaran.

C'est à cette aventure qu'un mât brisé porte un coup d'arrêt en pleine course de l'Europe. A chaque chose malheur est bon. Non seulement Yves Gonnord et Philippe Poupon ne se laissent pas abattre, mais quelques mois plus tard, relevant le défi et forts des enseignements du catamaran, ils décident de passer un nouvel accord avec les Chantiers Jeanneau pour construire, suivant les plans de Nigel Irens, et sous la direction de Jean-François de Prémorel, le futur trimaran *Fleury Michon VIII*.

Devant le maxi catamaran démâté et brisé, Yves Gonnord avait déclaré le 6 septembre 1985 : "Une chose est certaine, nous continuerons le sponsoring voile. Nous lui devons trop".

L'opiniâtreté du tandem Poupon-Gonnord n'a pas tardé à payer. Première sortie, première victoire à Londres ;

"La voile c'est aussi la croisière. Ici avec Yann Le Nabour aux Iles Los Roques au Vénézuela".

"Drôle d'oiseau !"

1er à Newport, juin 84. Arrivée de l'Ostar.
Marc Pajot. 2e à 20 minutes.
Bel accueil !

La dernière course à bord du trimaran Fleury Michon VI. *Monaco - New York, octobre 85.*

Remise des prix de l'Ostard 84. Deux premiers, deux copains.

Page suivante
Le Formule 40 Fleury Michon/Jeanneau.

deuxième sortie, le triomphe dans la Course du Rhum. "Cette réussite (que personne aujourd'hui ne conteste), et les avantages qui en découlent pour l'Entreprise, explique Yves Gonnord, ont été obtenus parce que, dès le départ, nous avons défini des règles précises et que nous les avons appliquées".

Ces règles sont les suivantes :

• faire un projet gagnant (le meilleur marin, le meilleur architecte, le meilleur chantier) ;
• considérer le sponsoring comme un outil de communication destiné à accroître la notoriété et à valoriser l'image de l'Entreprise ;
• pas de "coups" mais envisager le sponsoring comme une action continue sur plusieurs années ;
• respecter le sportif, sa personnalité, en ne le déguisant pas en panneau publicitaire et en lui faisant confiance dans le sport qu'il connaît ;
• enfin, créer et entretenir des liens privilégiés et suivis avec les journalistes qui doivent comprendre le projet et l'Entreprise ; en effet, le sponsoring n'existe et ne peut se développer que si les médias s'y intéressent.

L.-M. B.

FLEURY MICHON

TROIS BATEAUX POUR UN SKIPPER

Christian FEVRIER

La course en solitaire du Figaro. *7 participations : 4è, 3è, 6è, 1er, 2è, 1er, 6è. Ici en 85, presque le grand Chelem, trois victoires d'étapes.*

1982 est une année capitale pour Philou : car elle marque sa rencontre avec Yves Gonnord, Président de Fleury Michon. C'est Daniel Perrin qui trouvera le grand trimaran, *Fleury Michon VI*. Celui qui va permettre au skipper breton de gravir les marches le conduisant vers l'éclatante victoire de 86. Traîné souvent dans la boue par ceux qui ne veulent pas savoir d'où provient l'argent du sponsoring, Daniel Perrin est un curieux personnage. Il a joué un rôle obscur et pourtant très important dans l'histoire de la course open.

La manoeuvre en solitaire, tout un art.

Le trimaran que cet agent déniche donc pour Philou attendait un acheteur sur un terre-plein du chantier anglais Starberry à Ipswitch depuis de nombreux mois.

Pendant que Philou skippe les deux premières étapes du Tour du monde sur le petit monocoque *Morbihan*, le bateau est sommairement terminé en Angleterre.

Au cours de mes vingt-deux dernières années, toutes consacrées à la compétition océanique, j'ai rarement rencontré un sponsor comme Yves Gonnord ; j'ai eu la chance d'assister à quelques réunions préliminaires, à titre de conseiller avec Yves Gonnord et le nouveau skipper maison : à l'évidence, les deux hommes avaient chacun les qualités nécessaires pour réussir ce genre d'entreprise.

Avec ses qualités de coeur, Yves Gonnord apportait aussi la caution d'une entreprise saine, en pleine expansion, à la recherche d'un moyen original pour améliorer et modifier l'image de marque de la société s'engageant sur le marché des plats cuisinés.

De son côté, Philou apportait dans ses bagages son savoir-faire, la sincérité d'un engagement total envers le sponsor qui acceptait de le soutenir dans une

Mannequin du flotteur du catamaran Fleury Michon VII *aux Chantiers Jeanneau.*

Pose de cloisons dans un bras du catamaran.

Des bras caractéristiques du dessin de Michel Joubert.

A bateau exceptionnel, convoi exceptionnel ! La sortie des Chantiers Jeanneau aux Herbiers.

En compagnie de Michel Richard, patron des Chantiers Jeanneau. Une fidèle collaboration.

entreprise à long terme. Comme Tabarly, Philippe Poupon fait partie de cette poignée de marins français totalement irréprochables, qui ne seront jamais remis en question sur un échec par les journalistes ou par leurs pairs. Ce n'est peut-être pas une "bête de médias", comme quelques autres. Mais Philou est authentique. D'un bloc. L'amitié qui suivra l'estime première entre ces deux hommes compte pour beaucoup dans la réussite de ce type de mariage souvent difficile.

La longue, trop longue course vers La Nouvelle-Orléans sera pourtant semée d'embuches pour le *Fleury Michon VI*. Philou qui avait chèrement défendu une belle huitième place contre les nouveaux multicoques, est piégé par les calmes dans les puissants courants du Golfe du Mexique ; en deux jours, il perdra cinq places, au profit de *Royale, Jaz, Lejaby-Rasurel, Namar* et *Maaf* qu'il avait précédés jusque-là. Les lèvres de la dérive se dessoudent, les coulisseaux de grand voile lâchent, la tête de mât donne des signes d'inquiétude. Le trimaran n'est pas encore au point. Il termine treizième, sept jours après les Charentais, vainqueurs sur leur grand catamaran bleu dessiné par Michel Joubert.

Convoyage du grand catamaran Fleury Michon VII *vers Québec. L'arrêt aux Iles Saint-Pierre-et-Miquelon. Iles aux Marins désertées par l'arrivée de la pêche moderne.*

"Flo-Flo, fidèle équipière de tous mes convoyages. Ici dans les Iles aux Marins, Saint-Pierre-et-Miquelon".

Olivier Petit, fidèle équipier, mais aussi architecte conseil sur la construction du catamaran Fleury Michon VII *et du trimaran* Fleury Michon VIII. *Egalement architecte du bateau de Titouan Lamazou* (Ecureuil d'Aquitaine) *dans la Course autour du monde en solitaire.*

Dans la flotille, on note de nouveaux multicoques : le vainqueur, *Charente Maritime* parfaitement adapté aux courses de portant, puis *Jet Services*, un petit catamaran sur plans de Gilles Ollier, mené par Patrick Morvan, construit par Jean-François de Prémorel.

Philou se venge dans la course du Figaro en solitaire de 1982. L'une des épreuves les plus sélectives qui soit. Il l'a déjà courue à trois reprises : en 1979 (4e), en 1980 (3e) et en 1981 (6e). Cette fois, Philou le rusé remporte une éclatante victoire.

La seconde Route du Rhum qu'il a rêvé de gagner en 1978 lui laisse en 1982 un sentiment de frustration : à mi-course, il perd la moitié inférieure de son gouvernail et sa dérive se disloque. Obligé de barrer sans cesse pour ne pas perdre du terrain sur ses adversaires, Philippe ne dort que par bribes ; il arrive épuisé à Pointe-à-Pitre, neuvième. Sans ces avaries, il aurait dû terminer parmi les cinq premiers : le Rhum, ce sera pour une autre fois...

Pour la seconde Transat en double, Lorient-Les Bermudes-Lorient de 1983, on rallonge un peu les flotteurs du *Fleury Michon VI*. Le chantier Starberry, qui avait mal interprété les plans, avait raccourci un peu trop les flotteurs à l'arrière. En compagnie de son frère Luc, avec qui il s'entend à merveille, il prend la sixième place. La lutte est trop inégale avec *Charente Maritime,* le géant *William Saurin*, le nouveau *Jet Services*, l'un des meilleurs catamarans jamais construits et dessinés par Gilles Ollier. Les deux frères ont mené pourtant leur bateau au mieux de ses possibilités. Mais la dépression qui a emmené les cinq premiers après les Bermudes laissera les suivants de la flotte sans vent. La rapidité du petit catamaran de Birch, qui avait déjà battu un record en solo lors de la Route du Rhum précédente, inquiète Philou. Qui est ce Nigel Irens, dont on commence à beaucoup parler et qui construit au même moment un maxi catamaran de 24,40 m dans les hangars de la société Canadair à Montréal ? Les Canadiens organisent en effet pour 1984 la première course Québec-Saint-Malo.TAG, qui investit déjà énormément dans la compétition automobile, finance toutes les fêtes commémorant le 450e anniversaire de la découverte du Canada par Jacques Cartier. TAG veut remporter cette course, dont Michel Etevenon a été chargé de l'organisation en France. Quand les deux énormes coques quittent Montréal, en juillet, et sont assemblées dans le port de Québec devant la population, deux énormes banderoles affichent avec arrogance : *"Le plus grand catamaran du monde"*. Un véritable défi aux Français ! Que faire dans une course de portant contre ce voilier construit, dit-on, avec les derniers raffinements de la technologie des composites ?

Page de droite Fleury Michon VII *en tête sur le Saint-Laurent lors de la course Québec - Saint-Malo.*

Durant l'automne 1983, juste avant La Baule-Dakar dont c'est la deuxième édition, les coureurs français sont traumatisés par l'épouvantail canadien. Marc Pajot, qui a lâché Langevin pour Briand, construit en grand secret un catamaran tout en carbone près de Lyon.

— "Il y a urgence à changer de bateau", se dit Philou, qui termine

FLEURY
MICHON

Au départ de Québec devant le Château de Frontenac.

Page de droite

Tempête sur le Saint-Laurent !

Humide, vous avez dit humide ! 24 noeuds sur Fleury Michon VII *!...*

neuvième de La Baule-Dakar. Trois catamarans dans les quatre premiers. Encore une fois ! Il n'y a aucun trimaran moderne pour leur donner la réplique. Dans l'euphorie générale, la formule est condamnée, oubliée. Aucune tempête vraiment sérieuse n'est venu semer le moindre doute sur les aptitudes des nouveaux seigneurs océaniques. A Dakar, les Charentais annoncent que, pour contrer Mike Birch et son *Formule Tag*, ils vont pousser le bouchon plus loin : 25,91 m ! La dimension maximum de la grande classe AFIPOCO (Organisation internationale des courses open), Philou consulte rapidement son sponsor. Pourquoi ne pas construire un bateau sur le même plan que les Charentais ? En réalisant des moules communs, on ferait de substantielles économies. Le grand chantier vendéen Jeanneau se déclare prêt à foncer dans l'aventure comme co-partenaire de Fleury Michon. Ce sera le "*Bateau du bocage*"... Dans l'avion qui ramène journalistes et coureurs vers la France, la nouvelle se répand vite ; chez Royale, on a décidé de lancer un petit maxi de 24,40 m avec un projet de mât-aile à la clef. Philippe Jeantot, lui, a engagé le Crédit Agricole sur un projet moins ambitieux : un catamaran de 21 mètres, que l'on pourra raccourcir pour l'Ostar (comme le bateau de Pajot). Dessiné par Ollier, il sera réalisé en tissus carbone sur mousse d'airex ; ce sera le seul réalisé complètement suivant cette technique.

Il ne sera pas le moins rapide, peu s'en faut ! Un autre grand sponsor, Joseph Henriot, Président de Charles Heidsieck, pousse le bouchon encore plus loin. Fasciné par un projet fort élégant de l'architecte GillesVaton, il décide de lancer la construction d'un foiler de 25,91 m. Alain Gabbay, le futur skipper, aurait, dit-on, souhaité un grand catamaran. Le président veut un bateau d'exception. Il l'aura !

La folle aventure des maxi catamarans est lancée ; un journaliste, Daniel Charles, le meilleur historien français de la voile, crie casse-cou dans les colonnes de son magazine en les baptisant les "mégalomarans".

Jean-François de Prémorel reçoit donc carte blanche de Philou pour construire le géant. Ce qui frappe lorsqu'on vient lui rendre visite dans le grand hall que le chantier Jeanneau a tout de suite mis à sa disposition, c'est l'organisation sévère, stricte qui ne ressemble guère au traditionnel "va comme j'te pousse..." de

Bateaux
Jeanneau

RY MICHON VII
FLEURY MICHON

Québec - Saint-Malo. Arrêt dans le centre d'une dépression. En tête de la course jusqu'aux 2/3 du parcours mais Royale *et* Charente Maritime *éviteront ce calme et arriveront en tête.*

"Malgré les appels de notre mascotte... grosse déception !"

Le Gang des Casquettes. Philou, Fafu, Y. Le Nabour, Y. Pajot.

bien des chantiers. Toute l'équipe que Philou a soigneusement rassemblé autour de lui se répartit les responsabilités. Luc, son frère est chargé de quatre gréements, Olivier Petit du plan de pont, Yann Le Nabour des voiles, des drisses, Daniel Wlochowski, le navigateur, prépare toute l'électronique du bord. A l'image des grandes écuries automobiles, Philippe Poupon met en place une équipe très efficace, dégagée des soucis financiers immédiats, bien assurée en cas d'accidents et qui sera la clef future de la victoire dans le Route du Rhum. A Paris, un expert intègre, Jean-Jacques Mascard, prend en charge la gestion juridique et financière du programme de course. Côté relations presse et films, la fidèle équipe de Jacques Alain Raynaud se bat sur tous les fronts.

Le géant sera mis à l'eau aux Sables-d'Olonne en avril 1984. C'est un gros *Charente Maritime* dans sa philosophie. Toute la vie, manoeuvre, navigation, sommeil, est concentrée dans l'énorme bras central. Les deux postes de barre bien protégés par une casquette, le safran au vent relevable pour diminuer la surface mouillée, le différenciant de *Charente Maritime*.. Les deux sisters-ships se battront pour la première fois en août 1984, dans Québec-Saint-Malo.

Tandis que son équipage convoie le bateau vers l'embouchure du Saint-Laurent, Philou prend le départ de l'Ostar sur son fidèle petit trimaran, *Fleury Michon VI*. Dans la classe, dix-huit autres multicoques à battre. Et pas des moindres : Marc Pajot sur le nouvel *Elf Aquitaine*, Gilles Gahinet sur le dernier plan Ollier, Philippe Jeantot sur un autre catamaran du même architecte, Patrick Morvan dont le *Jet Service*s vient de pulvériser le record de l'Atlantique... Si le tri n'a pas la vitesse de pointe supérieure des catamarans, il va tourner avec la régularité d'une horloge. Il profite certes aussi de la disparition des leaders. Un à un, ses rivaux s'écroulent. Peter Philipps, qui mène un autre Shuttleworth plus récent, éclate son génois léger, comme Daniel Gilard. Pour eux c'est fini. Marc Pajot multiplie les marches arrière avec son gréement à balestron.

Philippe Poupon coupe la ligne d'arrivée le premier à Newport le 18 juin à 19 h 05 locale. Marc Pajot, totalement épuisé, le suit à 23 minutes. Sur le quai de la marina de Goat Island, c'est la fête. Une jeune fille a composé pour Philou un joli bouquet. Tiraillé, sollicité, congratulé, Philou oublie de l'embrasser... Philou vainqueur... Il est le troisième Français à remporter la célèbre course anglaise

Philou avec Loïc Caradec, vainqueur de Québec - Saint-Malo sur Royale. *Loïc, un ami de longue date, disparaîtra dans la Route du Rhum 86.*

L'équipage lors de la tentative contre le record de l'Atlantique en avril 85. De gauche à droite : J. Le Cam, Y. Le Nabour, Ph. Poupon, O. Carniaux, O. Petit, D. Wlochowski, J. F. de Prémorel.

après les deux victoires d'Eric Tabarly en 1964 et 1976, celle d'Alain Colas en 1972. Vainqueur ?

Douze heures plus tard, au petit jour, le trimaran d'Yvon Fauconnier coupe la ligne, précédant de peu le monocoque de Warren Luhrs. Yvon, qui a eu la chance (ou la malchance) de tomber pile sur le catamaran chaviré de Philippe Jeantot, *Crédit Agricole* , le jeudi 7 juin, restera exactement 16 h 15' près de lui. Le comité lui a fait savoir que son temps lui sera rendu à l'arrivée. Yvon se l'est bien fait préciser par radio. Cela, on l'a un peu oublié. Pour Philou, il s'agit "d'une fortune de mer". Pressé par Phil Weld d'être clair sur cette question délicate, le Royal Western n'a confirmé que la veille de l'arrivée de Philou, que le premier sur la ligne ne sera pas forcémment le vainqueur de l'Ostar... Personnellement, je trouve que le Royal Western a bien tardé à prendre une décision, qui déchaînera, on s'en doute, bien des passions. Chargé par Gérard Petipas à Europe 1 des comptes rendus journaliers de la course, j'ai amené avec moi le déroulement précis de la journée d'Yvon Fauconnier. John Dacre, commodore du club, Tom Pierce directeur du Comité de course et Phil Weld me convoquent pour prendre connaissance de ces éléments. Le débat dure une demi-heure. Weld sait qu'aucune décision juste pour les deux coureurs ne peut être prise. Dans les courses du RORC, dans la Course autour du monde en solitaire, les Anglais ont toujours rendu aux voiliers sauveteurs le temps perdu à l'arrivée. Ce n'est pas une loi, mais une tradition, juste, généreuse, que seul l'étrange jury de la Route du Rhum 1982 brisera en refusant de classer Olivier Moussy.

Le mardi matin, le comité confronte mes notes avec le livre de bord d'Yvon Fauconnier. Tout concorde. Le jury décide de classer Yvon Fauconnier vainqueur, puisqu'il possède un temps de course inférieur de quatre heures à Philou, avec le décompte des seize heures. Marc Pajot réagit avec humeur : "Si c'était moi...". Une grande chaîne de télévision française espère un heurt violent entre les deux hommes. Elle fait appeler les deux hommes au téléphone, Philou à l'hôtel, Yvon sur le quai, débarquant de son bateau. Les caméras tournent, commencent à violer ces deux grands marins. Heureusement, des mains amies dénoncent le piège. Les deux vainqueurs raccrochent. La manoeuvre sera déjouée.

A la conférence de presse, la plus poignante à laquelle il ne m'a jamais été donné d'assister, Philou déclare : "Cette décision est très dure. La mer a ses lois. Je respecte entièrement Yvon pour ce qu'il a fait avec Philippe Jeantot. Sa course a été très belle. Mais j'ai participé à l'Ostar. J'ai couru. Je me suis défoncé. J'ai tout fait pour gagner. J'ai gagné. Je me considére comme le vainqueur. C'est tout. Merci...", Philou se rassoit, se cache le visage pour dissimuler toute la détresse face à ce qu'il considère, à juste titre, comme une injustice.

Je crois que bien d'autres coureurs auraient tempêté sur cette décision. En grand marin qu'il est, Philou l'accepte. Son amitié pour Yvon n'en sera pas altérée. Rude leçon.

Deux mois plus tard, Philou s'élance de Québec avec ses fidèles sur son catamaran géant. Il prend très vite la tête. Mais Daniel Wlochowski, son navigateur, emmène *Fleury Michon VII* très haut dans le nord et perd le contrôle de *Royale* et des Charentais. Le catamaran vert et rouge termine 24 heures après *Royale* . Dur, dur... Nouvelle épreuve au calendrier, la Transat Québec-Saint-Malo voit aussi un record fabuleux tomber : la barrière des 500 milles (941 kms) tombera à deux reprises. Mike Birch et Philippe Jeantot réalisent 518 et 508,6 milles en vingt-quatre heures. Les grands maxi sont fêtés à Saint-Malo comme des vaisseaux de cosmonaute à leur premier retour de l'espace...

Philou prend sa revanche en décembre en remportant la première course open espagnole la Route de la Découverte. Entre Benalmadena et Saint-Domingue, le grand catamaran n'a mis que 15 jours 14 heures 49 minutes et 39 secondes, pour avaler les 4578 milles de l'ortho, à la moyenne étonnante de 12,22 noeuds. Du haut d'un hélicoptère de l'armée, j'ai assisté à son superbe duel avec les Charentais dans le passage de Mona à l'approche de l'arrivée. Le catamaran bleu talonne le "bateau du bocage" à 25 minutes seulement !

Page de droite Fleury Michon VII *au pied de Manhattan. En attente du meilleur vent pour une tentative de record.*

02
FLEURY MICHON VII

Le Phare d'Ambrose. Marque de départ pour le record de l'Atlantique Nord. 80 ans après Charlie Barr !

Dans les grands journaux télévisés d'Antenne 2, la tentative de record du Fleury Michon *va passionner les Français. Le pari des retransmissions d'images est gagné. Dans le Bréguet Atlantique de la Marine nationale, Maurice Uguen, Patrick Chapuis, Jacques Alain Raynaud, et sur l'écran vidéo, en direct, Philippe Poupon.*

La flotte des rescapés de cette course très dure pour le matériel (Philou termine sur un safran et avec un galhauban cisaillé !) rejoint alors la Martinique pour y disputer le grand prix, très bien organisé techniquement par Jean-François Costes. Soleil, vent, palmier, des parcours variés... Une semaine de superbe fête de la voile. Une semaine dure pour Philou aussi. Une abattée inattendue du petit trimaran de Jack Petith sur la ligne de départ et c'est l'inévitable collision. Pas de blessés, mais l'étrave transpercée du catamaran force Philou et son équipage à l'abandon.

La grande épreuve de 1985, c'est le tour de l'Europe, une course imaginée par Gérard Petipas, Monsieur Voile à Europe 1, ancien navigateur des *Pen Duick* d'Erick Tabarly, co-organisateur des transats anglaises et de la course en double du *Point* et d'Europe 1. Ce capitaine au long cours, qui sera sans doute élu pour prendre en main dans les années à venir les rênes de la course open, prépare superbement sa course en dialoguant avec les coureurs et leurs représentants. Ce que n'a fait aucun autre organisateur dans le passé, en créant bien des conflits inutiles. C'est la seule course où j'ai vu tous les skippers unanimes venus féliciter l'organisateur pour la perfection de son déroulement. La course sera sévère. Les cirés seront cappelés depuis Kiel jusqu'à Lisbonne ! Beaucoup de près aussi, qui mènent à mal des bateaux. Depuis leurs bureaux parisiens, bien au chaud, les journalistes jugent avec une étonnante injustice cette superbe course, développant un malaise profond dans le développement de la course open. Les mêmes plumes pourtant plus tard de vibrants accents pour expliquer la casse infiniment plus élevée — et à quel prix ! — de la Route du Rhum 1986. Les coureurs ne comprennent pas cette hostilité à leur égard.

Faute de longs bords de portants, les multicoques géants n'arrivent pas à faire le trou. Ce sont les tailles moyennes qui se taillent la part du lion, l'excellent catamaran de Philippe Jeantaot, flanqué d'un navigateur redoutable, Philippe Bernot. Ou bien François Boucher sur son nouveau foiler *Ker Cadelac II* . Mais la vraie bombe c'est bien *Apricot*, le nouveau trimaran britannique de Tony Bullimore, de 18,28 m. Dessiné et construit par ce diable d'homme qu'est Nigel Irens. Nigel, qui, comme toujours, est à bord. Huit victoires d'étapes en classe II ! Les coureurs français commencent à comprendre que l'avenir est aux architectes qui naviguent... Philou ne terminera pourtant pas la Course de l'Europe. Au départ de Toulon vers Porto-

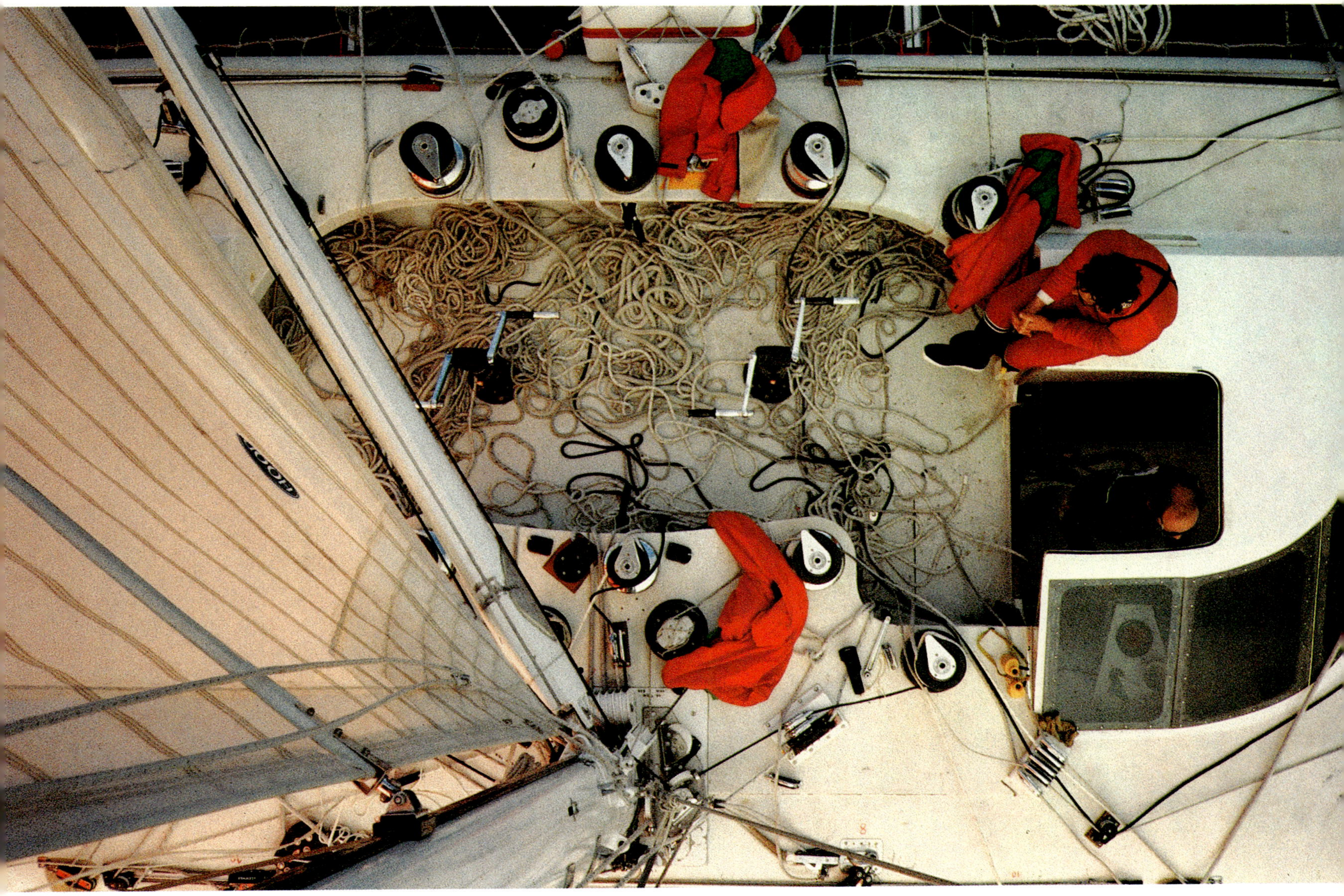

Cockpit dessiné par Olivier Petit et Philou. Bonjour les spaghettis !

Route de la Découverte. Vainqueur devant Charente Maritime *après des soucis de haubans, sept torons cassés sur le hauban tribord !*

Au Grand Prix de la Martinique avec Florence Arthaud.

Cervo en Sardaigne, il vente un joli Mistral. L'eau est plate pour sortir de la baie. A la bouée de près, dans le parcours côtier, il y a quelques lames bien vicieuses. A bord de *Royale* où je me trouve, nous devons virer lof pour lof pour attaquer ce bord de près. A 100 mètres à notre vent, *Fleury Michon* vient de virer quand soudain, son mât s'abat vers nous. Le hauban principal en kevlar vient de lâcher. La terrible tension va entraîner la rupture de la poutre avant, et l'avant du flotteur tribord, tiré alors vers l'intérieur, va, sous le gigantesque effort, se briser à son tour... C'est la fin de *Fleury Michon VII* . Mais ce n'est pas la fin de l'aventure pour Philou. Yves Gonnord et Michel Richard, présidents de Fleury Michon et de Jeanneau, annonceront immédiatement la mise en chantier d'un nouveau *Fleury Michon VIII*.

Cette fois, Philou se tourne vers Nigel Irens. Les deux hommes ont eu de longues discussions pendant cette Course de l'Europe. Un temps, ils pensent à un 18,28 m. La taille maximum admise pour l'Ostar 88. Mais Nigel pense que les Anglais accepteront d'ici là de remonter la limite supérieure à 22,91 m., la nouvelle limite que les sponsors français ont demandé à partir du 1er janvier 1987.

Le Grand Prix de la Martinique s'arrêtera là en compagnie de Jack Petith sur son trimaran. Les deux bateaux sont encastrés !

Nigel se met au travail. Jean-François de Prémorel attaque un nouveau four chez Jeanneau pour polymériser à chaud les éléments du futur trimaran. Ainsi que les futurs Formule 40 dont Nigel est également chargé et dont Philou, qui décidémment se bat sur tous les fronts, recevra le premier exemplaire.

Changement radical, Philou revient au trimaran. "Je me suis persuadé, dit Nigel, qu'avec une construction soignée, nous ne devons pas dépasser le poids des catamarans. Nous pouvons aussi améliorer grandement les performances

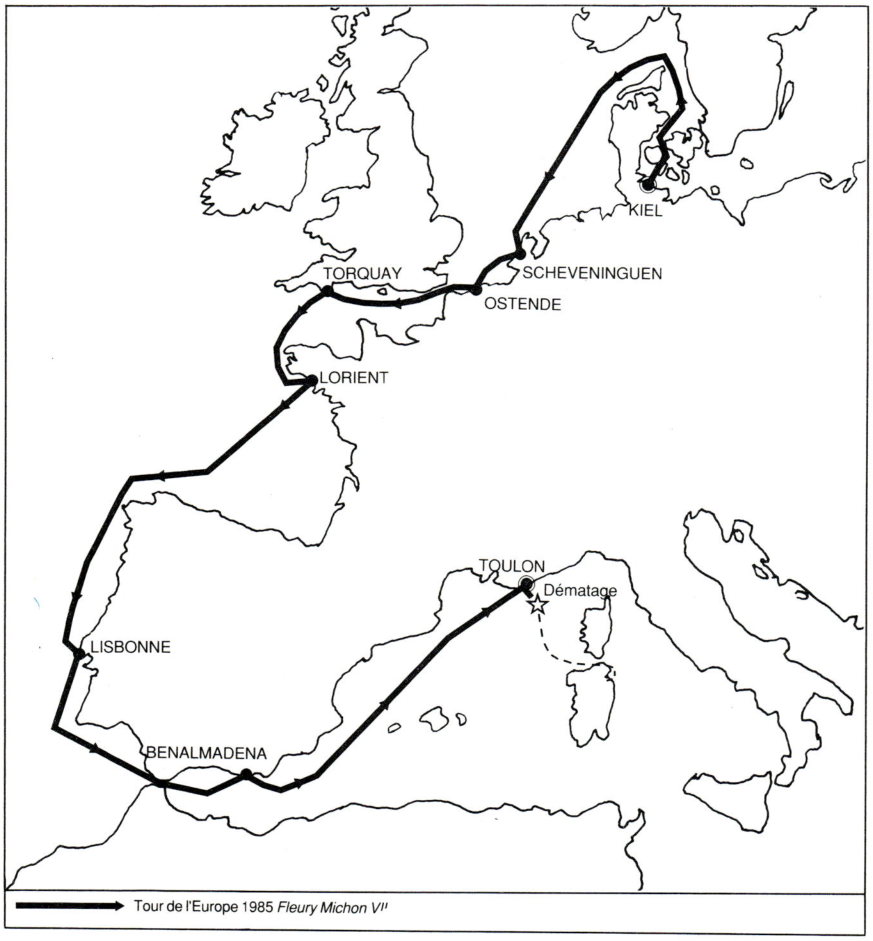

Tour de l'Europe avec Charente Maritime, *sister-ship de* Fleury Michon VII.

Fin du tour de l'Europe, un hauban vient de casser, fin du bateau !

"Avec Yves Gonnord, Président de Fleury Michon, mon sponsor. Le compte rendu de l'accident..."

des trimarans au portant, en adoptant des formes plus planantes à l'arrière, en disposant suffisamment de volumes dans les étraves pour ne pas enfourner au portant...". *Apricot* a été un excellent brouillon pour tester les idées de Nigel. *Fleury Michon VIII* sera le multicoque le plus complet jamais dessiné par Irens. C'est son sixième plan en six ans. Hormis *Tag*, jamais le jeune architecte n'a bénéficié d'autant de moyens, d'une équipe pluridisciplinaire aussi organisée... Il passe de longues semaines en Vendée, à préciser chaque détail avec Jean-François. "Je ne considère jamais un bateau terminé au moment de la remise des plans, me disait-il récemment".

Pendant la construction, on découvre mille détails qui peuvent améliorer les performances, la vie à bord, l'efficacité des manoeuvres. "C'est un sculpteur qui cisèle son chef-d'oeuvre par petites touches, Nigel portera *Fleury Michon VIII* à un sommet de perfection que n'a connu sans doute aucun multicoque dans l'histoire.

Ce que fut la Route du Rhum 1986 pour Philou est écrit par ailleurs dans ce livre. Je n'y reviendrais pas. Mais,

Fleury Michon/Jeanneau, *le catamaran de Formule 40. Un plan Nigel Irens, en pleine vitesse.*

Acte 1 : dématage à Brest. Le bateau sera remâté en moins de 24 h. Efficacité de l'assistance Jeanneau et de l'équipage.

12m18 de long, 90 mètres carrés de voilure au près, 1800 kg, une véritable petite bombe.

Double page suivante
Sur une coque en pleine vitesse.

FLEURY MICHON
Jeanneau

LEURY MICHON

Acte 2 : sur une coque, mais pas pour longtemps !

Acte 3 : A l'envers !

raccompagnant Philou à son hôtel, au petit matin de sa superbe victoire en Guadeloupe, je notais cette confidence jamais entendue en vingt ans de course : "Tu sais, j'ai eu une équipe fantastique derrière moi. J'ai couru sur un bateau qu'ils avaient préparé à la perfection. TOUT A MARCHE... TOUT ! Je ne pensais pas que cela puisse exister. Ma victoire, c'est d'abord la leur !"

Et quelques jours plus tard, lors de la remise des prix à Basse-Terre, Philou se souviendra de celui qui fut son merveilleux compagnon des traversées océanes de ces dernières années : "Je dédie ma victoire à Loïc Caradec, que j'aurais aimé voir ici aujourd'hui..."

C.F.

Fleury Michon VIII. *Construit aux Chantiers Jeanneau. Le bateau est assemblé à La Rochelle chez Pinta.*

En remontant la Tamise (Silk Cut Multihull Challange, Brighton-Londres), Fleury Michon VIII *passe devant l'Ecole navale de Greenwich et le Méridien de Greenwich !*

Le baptême aux Sables-d'Olonnes. De gauche à droite: Yves Gonnord, Président de Fleury Michon, Philippe de Villiers, le parrain, l'abbé Christian Allemand, Philippe Poupon.

L'équipage vainqueur, de gauche à droite : J. L. Dalière, Ph. Naudin, O. Petit, A. Gabbay, D. Gainette, Ph. Poupon, S. Novak.

FLEURY
LA TRINITÉ SUR MER

BOULEVARD DU RHUM

Gilles PERNET

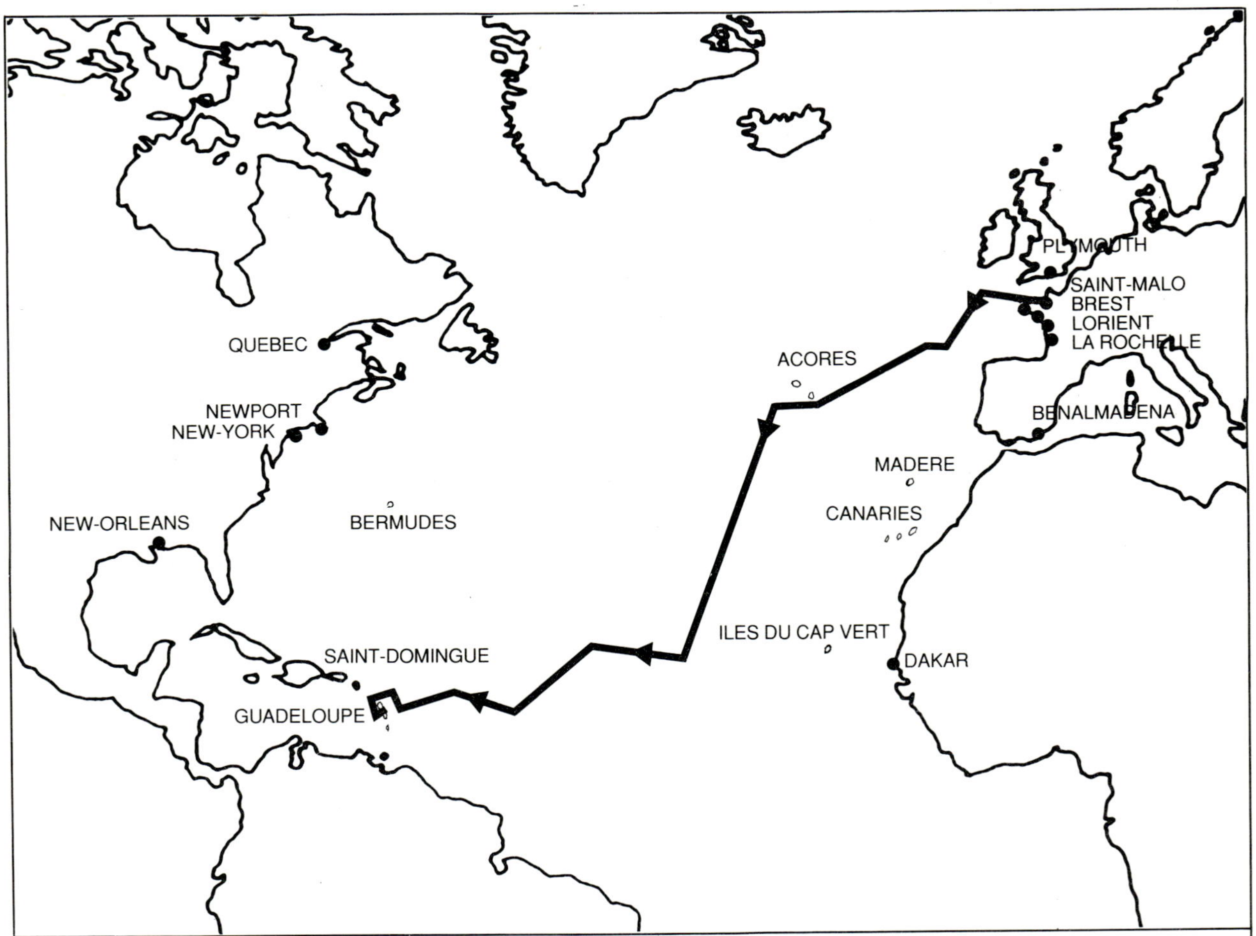

Route du Rhum 1986 *Fleury Michon VIII*

Philippe Poupon n'en fait sans doute pas assez... Pas assez de quoi ? De manoeuvre, de barre, de navigation ? Bien sûr que non. S'il ne pratiquait pas un peu mieux, ou un peu plus (ou les deux à la fois) tous les compartiments du jeu il ne serait pas ce superbe vainqueur de la troisième Route du Rhum avec plus de deux jours d'avance sur l'excellent Bruno Peyron. Mais si nous sommes un certain nombre de ses admirateurs à trouver qu'il n'en fait pas assez, c'est seulement que nous pensons que ce sacré Philou a toujours trop tendance à minimiser ses mérites, à oublier ses efforts, à gommer ses peines, à tirer un trait sur ses frayeurs. Quand on relit les médias qui ont chanté sa superbe victoire à Pointe-à-Pitre, on a le sentiment que tout fut facile ; que ces 14 jours 15 heures et 57 minutes seul sur un trimaran à foil de 22,80 m ne furent qu'une longue partie de plaisir, que Philou n'en retiendra que ses interminables surfs à la barre de *Fleury Michon VIII* baigné d'embruns par une nuit de pleine lune quand il établissait ce nouveau record de 460 milles en 28 heures... plus de 16,5 noeuds de moyenne en solo !

A Saint-Malo, dans le bassin Vauban, 33 concurrents et les plus beaux multicoques.

Page précédente Fleury Michon VIII *Action !*

Est-ce par excès de pudeur ou par trop grande modestie que le nouveau champion du monde de course open (1) banalise ainsi ce que les meilleurs spécialistes, unanimes, ont louangé tel un exploit d'une pureté parfaite ?

L'avant-veille du départ, j'avais longuement parlé avec Philou ; tous deux assis sur l'un des bras du *Fleury Michon VIII*, nous avions oublié l'agitation du bassin Vauban. A ma demande, Philippe avait revécu les grandes étapes de sa carrière : les premières régates en Vaurien, au large de Sainte-Marine, en compagnie de Luc (Lucky) son aîné qui a toujours été plus qu'un frère ; c'était il y a plus de vingt ans. Philou avait alors à peine passé le cap des dix ans, mais pour lui c'était hier, ou presque. Avec sa voix douce dont les modulations ne semblent jamais faire de vagues, Philippe avait évoqué les premières galères bretonnes pour se faire embarquer comme équipier sur les plus beaux bateaux, de Bénodet à La Trinité, rappelé l'arrêt des études à dix-huit ans comme une anecdote et lâché un sourire pour matérialiser le début de la vraie vie : les trois ans passés à l'Ecole nationale de voile du Beg Rohu à Quiberon, le tour du monde à bord de *Pen Duick VI* au côté du maître Tabarly, puis ses joies immenses quand il fut enfin promu jeune capitaine de son premier vrai gros yacht de course : ce *Pen Duick III* qu'Eric lui avait fait l'honneur de lui confier.

C'est aussi avec ce bateau que la carrière du champion d'aujourd'hui avait vraiment commencé, précisément dans cette même course qui allait lui apporter, huit ans plus tard, la consécration : la première Route du Rhum où il se classait septième sur le célèbre monocoque rebaptisé pour la circonstance et non sans ironie : *Saint-Malo-Pointe-à-Pitre*. Philou était ensuite passé très vite aux étapes suivantes ; son nouveau tour du monde avec les Glandos de *Morbihan*, ses sept participations à la course du Figaro dont il fut deux fois vainqueur, sa première place dans la Transat britannique et son succès à Saint-Domingue dans la Route de la Découverte avec le maxi catamaran *Fleury Michon VII*.

Peu rancunier avec son passé, Philou avait à peine ouvert une parenthèse pour y enfourner, comme dans un sac de marin rapidement bourré avant l'escale, les mauvais souvenirs : la deuxième Route du Rhum de 1982 où il terminait neuvième, après avoir été privé de dérive depuis la mi-course ; le naufrage du maxi catamaran au large de Toulon...

Fleury Michon VIII,
un trimaran à foils.

A moins de 48 heures du départ de cette troisième Route du Rhum, Philou présentait le visage de l'homme libéré de tous soucis comme à la veille de grandes vacances attendues depuis très longtemps : "Le bateau est parfaitement prêt. Nigel Irens a dessiné exactement la machine que je voulais et, surtout, il a surveillé les travaux, de bout en bout, ainsi que je l'avais souhaité. Jean-François de Prémorel et les chantiers Jeanneau ont réussi un superbe travail : le bateau a été livré à l'heure, parfaitement mis au point par mon frère Luc et les huit membres de notre équipe permanente ; il a été testé en course par Alain Gabbay pendant que je naviguais en half-tonner ou en Formule 40. *Fleury Michon VIII* est parfaitement au point. Nous avons même eu le temps de le peser avec une balance électronique : 8,6 tonnes en ordre de marche. Le devis de poids a été idéalement respecté."

Philou avait encore souligné la joie de collaborer avec un commanditaire comme Yves Gonnord, le PDG de Fleury Michon qui lui avait permis cette approche professionnelle de la course dont il avait toujours rêvé. Et Poupon avait ajouté comme pour lui-même : "J'ai la machine idéale, ni trop grande, ni trop puissante,

1. Le championnat du monde AFIPOCO se joue sur le classement des différentes transats pendant une période de quatre ans. Le précédent vainqueur fut Marc Pajot en 1982.

Légèreté et puissance.

ni trop lourde pour cette épreuve. C'est une vraie mobylette à manoeuvrer".

Le glorieux rejeton de Christiane et Corentin Poupon avait même eu l'audace de lâcher un truc du genre : "Cela paraît trop facile". Et je sais que j'avais hésité à l'écrire dans les colonnes de *L'Equipe* car je me souvenais de la gueule ravagée de Marc Pajot à l'arrivée de la Route du Rhum 1982. Philou n'en fait pas assez... Quand certains confrères évoquent les cathédrales liquides qui s'effondrent en cataractes sur les ponts déjà submergés, l'enfant de Quimper rigole sous sa casquette de marin-pêcheur comme s'il allait s'élancer dans une régate sur le lac de Genève par une belle journée estivale.

Et le dimanche 9 novembre au large de Saint-Malo alors qu'un ciel menaçant et une mer grise annonçaient déjà le premier coup de vent de force 7 à 8 prévu la veille par la météo, l'humeur de Philou n'avait pas changé : il faisait filer *Fleury Michon VIII* à bonne cadence, sans excès pour prendre le rythme de la course. Tandis que Loïc Caradec aiguillonnait déjà *Royale* vers le Cap Fréhel, Philou le suivait presque paisiblement, serions-nous tentés d'écrire.

— "Ce n'est que le début, le plus dur reste à faire", lançait le skipper de *Fleury Michon VIII* dans la VHF. Comme toujours, Philippe taillait la Route sans histoire. L'actualité se trouvait dans son sillage : *Lada Poch* venait de démâter sur la ligne de départ et il pleuvait dans la tête de Loïc Peyron ; François Boucher avait des ennuis pour débarquer son lieutenant Jacques Delorme qui manquait de se noyer, Florence Arthaud connaissait déjà des tracas avec ses pilotes automatiques.

Pendant ce temps-là, Loïc Caradec avait lancé la course à un rythme d'enfer : il avait suffit de 55 minutes à *Royale* pour couvrir les 17,9 milles qui séparent la Pointe du Grouin où était mouillée la ligne de départ de la bouée du Cap Fréhel, dernière marque du parcours avant la Guadeloupe : 19,5 noeuds de moyenne pour le maxi cata rouge et blanc ; à peine moins pour *Fleury Michon VIII* qui contourne la marque 2 minutes 40 secondes plus tard.

La foule entassée sur les falaises du Cap Fréhel dévore le spectacle, s'enthousiasme pour la performance de Paul Vatine lancé à la poursuite de Philou à bord du petit trimaran *Nems Luang*.

Au large de Bréhat la houle est déjà au rendez-vous ; la mer blanchit : Caradec, Poupon, Vatine, Bruno Peyron, Lionel Péan, Eric Loizeau et leurs poursuivants vont avaler la Bretagne Nord au grand planning. Les premiers sont déjà du côté

d'Ouessant à l'heure où les Français se couchent après le ciné-club.

Et dès cette première nuit, la troisième Route du Rhum montre sur quel registre il faudra jouer : à l'aube de la deuxième journée de course six bateaux sont déjà mal en point : *Nems Luang* a abordé un cargo dans le rail d'Ouessant, le petit catamaran *FNAC* a chaviré, *Charente Maritime* fait route vers Roscoff pour réparer un hauban, *Apricot* a heurté une épave, *Jet Services* rentre au port (pilotes automatiques) et *Lada Poch* est toujours à Saint-Malo. La liste s'allonge au fil des heures. On imagine les solitaires déjà trempés par l'eau glacée de novembre, pas encore dans le rythme de la course et qui luttent contre le sommeil pour éviter les cargos qui se croisent à la sortie de la Manche comme les automobiles dans un film de Mac Sennet. Le vent est fort, parfois très fort (déjà des pointes à 45 noeuds). Philou ne dit rien à la radio mais le relèvement des balises par le satellite Argos montre que *Fleury Michon* est dans le trio de tête, pratiquement à égalité avec *Royale* et *Roger et Gallet*. "Dans ce secteur, je me suis beaucoup servi du radar. Avec l'expérience on peut localiser un bateau à plus de 15 milles, cela laisse le temps de dormir un peu", m'expliquera plus tard Philou.

Les conversations recueillies au PC de la Course à Paris, via Saint-Lys radio, font toutes état d'une mer très grosse et de conditions cauchemardesques : "Depuis le départ je n'ai pas encore mis une seule fois le pied dans ma banette", dira le solide François Boucher.

Mardi 11 novembre : en France on fête l'armistice ; en mer dans le sud-ouest de la Bretagne, c'est toujours la guerre. Les solitaires ont encaissé un chapelet de dépressions avec une succession de grains tous plus violents les uns que les autres : Eric Loizeau a déchiré son petit foc dans la nuit et fait machine arrière au bord de l'épuisement (il avait été malade la semaine précédente ce qui n'arrange rien) ; Olivier de Kersauson doit aussi rebrousser chemin car les bastaques de son trimaran *Poulain* menacent de rompre.

Florence Arthaud progresse à petit vitesse après avoir cassé une dérive. Philou reste toujours muet ou presque ; il n'appelle le PC de la Maison de la radio que pour connaître les positions de ses adversaires : "Le vent était fort mais ce n'était pas la tempête. Jamais je ne me suis senti menacé à bord de *Fleury Michon*. J'avais demandé à Nigel Irens de

La foule des grands jours au Cap Fréhel.

27
Côtes du Nord
Côtes du Nord

me dessiner un bon bateau pour le près et je découvrais une machine exceptionnelle dans le gros temps. J'avais l'impression que la vitesse pouvait être sans limite, que j'aurais pu aller beaucoup plus vite et que le bateau l'aurait parfaitement encaissé. En fait, je ne souhaitais pas aller trop loin pour ménager la machine et le bonhomme qui souffrent quand même dans ces conditions. Quand le bateau tape dans la mer, on ne sait jamais jusqu'où on peut aller".

Mercredi 12 novembre : en France, la Route du Rhum prend des allures de mélodrame. Pensez donc, même Tabarly, oui le monument Tabarly qui en plus de trente ans de carrière n'a jamais eu à lancer un SOS, réclame pour la première fois de l'aide : "Je ne peux plus progresser, un flotteur de *Côte d'Or* est cassé, je crois bien qu'il va falloir venir me chercher", lâche calmement Eric avec cette sobriété dans le discours et ce calme devant l'adversité que l'on retrouve chez Philou qui, en apprenant la nouvelle, n'hésite pas à dire : "On commence vraiment à en avoir raz le bol de ce temps et de cette mer".

Ce que Philou ne disait pas alors, c'est qu'il s'était donné une entorse au poignet droit en chutant sur son pont au cours d'une manoeuvre, ce qui ne facilitait pas sa vie dans ces conditions quelque peu dantesques. Mais les navigateurs solitaires de ce Rhum ultra corsé n'avaient pas encore bu le calice jusqu'à la lie. Réfugié aussi souvent que possible dans son carré de Boeïng (la pièce très protégée au centre du trimaran où Philou a tous ses instruments de navigation, sa couchette et sa cuisine), Poupon fait aussi beaucoup de secrétariat pour reprendre sa propre expression : "Trois fois par jour, j'étais en liaison Télex avec Jean-Yves Bernot mon routeur qui a fait un travail super sans aucune erreur. Pourquoi le Télex ? simplement parce que par radio tout le monde peut écouter ce que l'on dit".

Après l'arrivée en Guadeloupe, Philippe m'expliquera que ses journées étaient très soigneusement minutées : pas plus de deux heures par jour à la barre, mais beaucoup de temps consacré à la navigation, à la manoeuvre et aussi à une vérification permanente de tous les éléments essentiels du gréement et de la structure de son trimaran. C'est ainsi qu'il découvre que sa drisse de grand-voile est usée à l'endroit où elle frotte quand il navigue à trois ris (voilure réduite presque au minimum), ce qui fut très souvent le

Eric Tabarly motivé comme jamais !

Page de gauche

François Boucher sur le trimaran Ker Cadelac, *l'un des grands favoris.*

Elf Aquitaine, *un catamaran original à balestron, barré par Jean Maurel ; il terminera 6e.*

Apricot, un autre dessin de Nigel Irens.

cas depuis le départ et il dit : "Il y a eu une brève accalmie de deux heures environ après trois jours et demi de course. J'en ai profité pour monter au mât avec mon Tracson pour aller repasser un messager de drisse de grand voile qui s'était emmêlé. J'ai bien fait de le faire à ce moment-là. Le vent est remonté très vite et cela aurait été impossible par la suite" raconte Philou visiblement content d'avoir saisi l'opportunité.

Et c'est dans la nuit du mercredi 12 au jeudi 13 novembre que les solitaires allaient connaître le coeur de l'enfer. "Pendant 6 à 8 heures, le vent a été vraiment très fort", lâche Philou.

Avec le correctif, il faut traduire : apocalypse. C'est là sans doute, malheureusement, que s'est joué le drame de Loïc Caradec. Même à sec de toile les bateaux atteignaient des vitesses folles.

Beaucoup ont vécu pendant ces heures des spectacles qu'ils n'oublieront jamais. Tous ceux qui ont suivi la course à l'écoute de Saint-Lys radio se souviennent encore de ces appels du large, de ces voix blanches mais dignes : à la cape, barre amarrée sous le vent, la plupart des concurrents ont attendu que cela se passe en priant très fort.

Les montagnes liquides submergeaient tout, envahissaient non seulement les cockpits mais aussi les carrés : "Je m'attends à chavirer à tout moment", avouait Péan le vainqueur de la Course autour du monde en équipage, embarqué sur le catamaran *Hitachi*. Dominique Marsaudon allait en faire la triste expérience : son catamaran *Jean Stalaven* s'était retourné comme une crêpe pendant que le navigateur était allé se réfugier quelques instants à l'intérieur de son habitacle.

C'est à ce même moment que François Boucher, jusque-là dans le trio de tête, casse un bas hauban, voit son mât s'affaisser mais rester en l'air par miracle : il devra faire route à petite vitesse vers le Sud Portugal pour sauver son foiler *Ker Cadelac*. Pour François, les espoirs de victoire s'envolent aussi.

Même Philou que rien ne semble jamais émouvoir dit sur le coup : "Maintenant il pleut et cela continue de taper très fort (...). Le temps change souvent et il faut tout de suite être là pour intervenir sur la barre. Depuis le départ, je n'ai pu manger que des nouilles et du jambon". Pourtant Philou n'a pas encore connu de réelle inquiétude.

Royale de Loïc Caradec.

Vendredi 14 : le jeu de massacre continue. A Paris, certains journalistes pas très au fait des choses de la mer demandent même s'il ne faudrait pas arrêter la course. "C'est bien évidemment impossible et les marins eux-mêmes ne le souhaitent pas", déclare Michel Etevenon, l'organisateur tiraillé de toutes parts. L'abandon de Caroni dont le *Challenge Grundig* est à moitié coulé et le silence de Caradec apportent de l'eau au moulin de ceux qui ne ratent pas une occasion de se préoccuper de la liberté des autres sans jamais quitter leurs charentaises.

Philou continue à progresser dans la tempête mais il dit : "Je navigue sous voilure réduite par 30 noeuds de vent et ça roule beaucoup. Dans ces conditions, tout s'use énormément. J'ai fait un empannage involontaire pendant que je tentais de consolider une bastaque, cela a arraché une partie du pont. Je vais faire escale à Punta del Gada (Açores) pour réparer ma drisse de grand-voile, changer les bastaques et boucher ce trou dans le pont".

Mais, en cette fin de première semaine de course l'actualité ne s'intéresse que de très loin aux meneurs de la Route du Rhum.

Florence Arthaud a découvert l'épave de *Royale* retournée et sans aucun signe de vie à bord. Plus tard, les investigations des plongeurs du navire de la marine *Maillé Brézé* confirmeront qu'il n'y a malheureusement plus d'espoir pour Loïc Caradec.

La Route du Rhum est en deuil ; pendant plus de deux jours les ondes resteront pratiquement silencieuses. Les concurrents n'appellent Saint-Lys que pour l'essentiel.

Plus tard Philou dira : "J'ai rêvé tous les jours de Loïc. Cela m'a donné des cauchemars. J'aime Loïc, je l'aimerais toujours. Je dédie cette course à mon ami Lolo".

Comme par miracle, la mer cruelle qui n'avait cessé de malmener les solitaires pendant une semaine, se calmait à ce moment-là, jugeant, sans doute, qu'elle avait fait trop de mal à ses enfants. La course continue et, pour penser à autre chose, on essaye de s'intéresser à l'éternel choix des options nord/sud, mais le coeur n'y est pas.

Alors qu'une équipe d'assistance l'attend avec le matériel nécessaire aux Açores, Philou annonce : "J'ai décidé de ne pas m'arrêter, cela me ferait perdre

"J'ai mangé trois fois par jour et toujours dormi suffisamment".

trop de temps. Je pense que le mauvais temps est terminé. Avec la grand-voile haute, la drisse devrait tenir le coup et j'ai pu consolider mes bastaques". Après une semaine de course, *Fleury Michon VIII* a plus de 180 milles d'avance sur ses plus dangereux poursuivants et Olivier Moussy, très véloce jusque-là avec son petit trimaran à foils *Calcialiment-Laiterie Saint-Michel* doit renoncer à son tour après avoir également abordé un cargo.

Pour Philou, il ne reste plus qu'à contrôler Bruno Peyron et Mike Birch qui taillent la route dans le sud mais à distance respectable.

Et pour asseoir définitivement sa position, Poupon va, encore une fois, passer le braquet supérieur. Alors qu'il souffre de ses mains meurtries par le froid et les manoeuvres dans les dépressions de la première semaine, Philou fonce sous spinnaker plein vent arrière et va connaître l'une de ses plus grandes frayeurs de la course : "J'ai compris que je risquais gros si je restais dans le nord et j'ai décidé d'aller chercher les autres ; quitte à perdre un peu de distance sur la route directe".

Philippe tente un nouveau coup de poker : toute la nuit du 17 au 18 novembre, il fonce sous spinnaker et grand-voile haute par plus de 25 noeuds de vent sans quitter sa barre : "Le bateau marchait très fort mais il m'était impossible d'abandonner mon poste. Après de nombreuses heures, je décidais quand même de descendre dans mon carré en confiant *Fleury Michon VIII* au pilote automatique. A peine avais-je quitté la barre que le bateau est parti à fond à l'abattée, a empanné et s'est retrouvé en marche arrière avec grand-voile et spinnaker à contre. L'eau avait déjà rempli le cockpit du tableau et j'ai eu très peur de casser le safran. Il m'a fallu plus d'une heure pour tout démêler sans avancer. J'ai déchiré le spinnaker mais, par chance, je n'ai rien cassé d'autre. Décidément ce n'est pas facile de naviguer en solo sous spinnaker avec ces engins. Il est toujours délicat de trouver le rythme, de situer la limite du raisonnable".

Philou s'était fait une chaleur mais il avait su montrer à ses adversaires qu'il entendait rester le patron de cette Route du Rhum en toutes circonstances. Grâce à cette opération, non seulement Philippe avait préservé son avantage, mais il s'était aussi replacé sur la route de ses concurrents du sud.

— "Je savais que Nigel Irens m'avait dessiné un extraordinaire multicoque pour naviguer au près, à l'issue de la première semaine de course, mais j'ignorais si mon trimaran pourrait résister aux catamarans dans les Alizés aux allures portantes. Après cette descente sous spinnaker, j'ai su que Nigel avait aussi réussi un excellent bateau pour le portant. Même aux plus grandes vitesses, mon trimaran n'a jamais planté ses étraves comme le faisait par exemple mon maxi catamaran en rattrapant les vagues".

Désormais totalement en confiance, Philou allait porter un coup d'estoc définitif à ses adversaires au cours des neuvième et dixième jours de course, réalisant sans doute à cette occasion le plus bel exploit de cette Route du Rhum : 460 milles en 28 heures. Cela n'avait jamais été fait par un solitaire. Pendant près de deux jours, Philippe avait filé 16 noeuds de moyenne réussissant, en particulier, plus de 400 milles en 24 heures entre les localisations Argos du 19 novembre.

—"J'ai passé un très belle nuit grâce à la pleine lune, le spectacle était superbe", se contente de déclarer Poupon sur les ondes. Décidément Philou n'en fait pas assez !

Après dix jours de course, *Fleury MichonVIII* a plus de 300 milles d'avance sur *Ericsson*, son poursuivant immédiat, mené par l'excellent Bruno Peyron. Maintenant, il ne fait plus de doute que seul un mauvais coup du sort pourrait priver Poupon d'une victoire largement méritée.

Et la fin se passe comme prévu. Manoeuvrant parfaitement dans les grains qui annoncent la mer des Caraïbes, Philippe arrive en vue de la Guadeloupe avant la fin de la deuxième semaine de course, contourne la grande île en forme de papillon en perdant un

Un record : 460 milles en 28 heures, une moyenne du 16,4 noeuds, jamais atteinte en solitaire !

Double page suivante
Dimanche 9 novembre. Le coup de canon est donné à 13 h 01. Fleury Michon VIII *à la poursuite de* Royale !

F-GECM
Jeanneau

F 2
FLEURY MICHON
FLEURY MICHON
Jeanneau

FLEURY
TECHNIQUE VOILE

Des "grains" souvent dangereux, à surveiller en permanence.

Page de gauche
Sous trinquette et grand génois, en tête dans les Alizés.

Dernières manoeuvres à quelques heures de l'arrivée.

minimum de temps, même au passage de la redoutée Côte sous le vent et arrive en vue de la ligne à l'heure où les Guadeloupéens finissent de déguster leur ti-punch du dimanche soir. Après un dernier bord dans la houle du canal des Saintes, *Fleury Michon VIII* pointe ses trois étraves dans la passe de Pointe-à-Pitre. Il y a tellement d'embarcations venues l'accueillir que Philippe, un moment encalminé et aveuglé par les projecteurs, doit faire demi-tour en vue de la ligne : "Si le comité de course ne fait pas quelque chose je repars", menace le skipper.

Il coupe finalement la ligne à 23 heures 58 locales (il est 5 heures du matin ce lundi 24 novembre en France métropolitaine), après une nouvelle traversée record en 14 jours 15 heures et 57 minutes, pulvérisant le temps établi en 1982 par Marc Pajot à bord du catamaran *Elf Aquitaine* (18 jours 1 heure et 38 minutes). Même en considérant le changement de parcours (2), on peut estimer que Poupon a gagné plus de deux jours et demi sur la traversée de Pajot.

Mais, au-delà de la performance, c'est l'exceptionnel état de fraîcheur du bonhomme qui surprend. Alors que Philou met pour la première fois le pied à terre sur le quai numéro un de la marina de Bas-du-Fort au coeur de la nuit guadeloupéenne chargée de moiteur et d'airs d'orchestres de steel-band, tout le monde est frappé par la grande forme du nouveau vainqueur de la Route du Rhum.

Vêtu d'un T-shirt, d'un short vert et de son inamovible casquette de marin-pêcheur, Philou débarque comme s'il venait de remporter une régate en baie. Apparemment, il n'a pas perdu de poids et il est en pleine forme. Quel contraste avec Marc Pajot qui avait terminé quatre ans plus tôt très amaigri et au bord de l'épuisement total.

Et, comme s'il avait besoin de montrer qu'il était en pleine possession de ses moyens, Philippe donne une conférence de presse éblouissante entouré de ceux qui l'ont aidé à conquérir ce triomphe : Yves Gonnord, le PDG de Fleury Michon, Nigel Irens, l'architecte et Jean-François de Prémorel, le préparateur du bateau responsable de la division prototype des Chantiers Jeanneau.

Avec beaucoup de décontraction, Philou reparle joliment de ses plus beaux souvenirs (cette nuit à plus de 16 noeuds

2. En 1982, le parcours imposait de contourner la Martinique par le sud avant de terminer la course en Guadeloupe. Cette fois, on était revenu au parcours original de 1978, c'est-à-dire atterrissage par le nord de la Guadeloupe sans passer par la Martinique.

de moyenne sous la pleine lune), de ses peines (avec des mots touchants pour son ami Loïc Caradec) et tire la philosophie de l'opération : "Finalement, je crois que je suis paresseux. C'est pour cela que je ne barre pas beaucoup. J'ai passé près de 80% de mon temps à l'intérieur de mon carré. Dans une épreuve comme celle-ci, la préparation compte énormément. Il faut beaucoup travailler avant pour pouvoir ne rien faire pendant".

Désarmant ! A l'entendre, on a l'impression que ce ne fut qu'une simple et agréable partie de plaisir. Bien sûr, Philou ne parlera jamais de son entorse ni des plaies à ses mains qui l'ont beaucoup fait souffrir autrement qu'à ses parents dans le bateau à moteur à bord duquel il avait pris place pour aller de la marina à la conférence de l'hôtel Frantel où j'avais eu la chance de l'escorter.

A 32 ans, il aura suffit d'un peu plus de deux semaines à Philippe pour relier Saint-Malo à Pointe-à-Pitre et entrer définitivement dans la légende.

Deux semaines et ... 20 ans d'expérience. Ainsi que l'a très joliment écrit Noël Couedel dans l'*Equipe Magazine* : «Philippe Poupon est visiblement de ces hommes qui croient que le temps ne respecte pas ce que l'on fait sans lui».

Parti de très loin, Philou a cueilli dans cette troisième Route du Rhum, une légitime consécration méritée après des années d'un patient apprentissage. Si personne dans le milieu ne conteste le savoir-faire de cette nouvelle idole des houles, il ne faut pas compter sur Philou pour venir conforter cette impression. A terre, Poupon n'en fait jamais assez !

G.P.

Dimanche 23 novembre, 23 h 58 à Pointe-à-Pitre ; il est 5 h du matin en France, Philippe Poupon vainqueur avec plus de deux jours d'avance sur le second, Bruno Peyron.

Christiane Poupon, une mère soulagée et Corentin Poupon, un père heureux !

Philippe Poupon, skipper de *Fleury Michon*, champion du monde AFIPOCO des courses océaniques. Il succède à Marc Pajot. Le classement est établi sur ces courses majeures et sur trois ans :

Ostar (Grande-Bretagne)
Québec - Saint-Malo (Canada)
Route de la Découverte (Espagne)
Monaco - New-York (Monaco)
Whitbread (Course autour du monde en équipage, Grande-Bretagne)
Twostars (Grande-Bretagne)
Route du Rhum (France)

Philippe Poupon obtient 172,50 points, répartis ainsi :

Ostar 51 points
Québec - Saint-Malo 19,5 points
Route de la Découverte 30 points
Monaco - New-York 12 points
Route du Rhum 60 points
N'a pas participé à la Whitbread et à la Two Sars

Le Canadien Mike Birch (*Tag*), avec 132,50 points, conserve sa deuxième place et Lionel Péan, avec 101 points, prend la troisième place du podium, grâce à sa performance du tour du monde avec le monocoque *L'Esprit d'Equipe*, et de la Route du Rhum avec le catamaran *Hitachi*.

Un nouveau record à battre : 14 jours 15 heures 57 minutes et 15 secondes. "Je suis parti de Saint-Malo le feu entre les dents ; j'ai couru cette Route du Rhum comme une régate de courte durée, toujours au maximum et c'est comme cela que toutes les transats en solitaire vont se jouer désormais."

CREDITS PHOTOGRAPHIQUES
Amalric J. F. : 14b, 33m et b, 40h, 43h, 46h et bd, 51 ; Dupont E. : 23 ; Dusser P. : 20 ; Février Ch. : 22, 47, 53h, 55 h et m, 58b, 59h et g, 60, 62, 65, 69 ; Fyot A. : 53b, 63 ; Gauthier J. : 16hd, 18b ; Hervé L. F. : 58h ; Jacky : 54m ; Le Cam J. : 49, 50h, 52 ; Le Cossec G. : 38b ; Mineti Jo : 73, 73 ; NEPTUNE, Beken, 17 ; Poupon Ph. : 9, 10, 13, 14h, 15, 16hg, 19, 20bg, 32m, 70, 71, 74, 75, 76 ; Rannou Ph. : 77 ; Raynaud J. A. : 28, 29, 30, 32h, 34h, 35h, 36, 38h, 41, 42, 48, 50b, 54h et b, 55b, 59m et b, 64, 66, 67, 68, 72,73, 79 ; Rubinstein B. : 12, 18h, 21, 26, 31, 32b ; SEA and SEE : Allisy D. : 24, 25, 56, 57 ; Sotto F. : 40b, 43b ; SYGMA, Wildenberg : 2, Guichard J. : 37, Tannenbaum : 37b ; Wlochowski D. : 16 bd, 46 bg.

Coll. Jeanneau : 39

Coll/ Fleury-Michon : 27, 35b.

Ouvrage composé
en New Century Schoolbook
et entièrement réalisé
sur Apple Macintosh et Page Maker
par Pierre Dusser à Paris.

Cartes dessinées par
Bruno Loste

Achevé d'imprimer
le 30 décembre 1986
sur les presses de l'imprimerie
Herissey (Evreux)
pour le compte des Editions OLIVIER ORBAN
14, rue Duphot 75001 Paris
Photogravure
Quadrilaser (Orléans)
Reliure
Brun (Malesherbes)

Dépôt légal : janvier 1987
N° d'édition : 397
N° d'impression : 41572